世界と日本
がわかる
国ぐにの歴史

一冊でわかる
東欧史

関 眞興
Seki Shinkoh

河出書房新社

はじめに

民族、言語、宗教が入り組んだ東欧

2022年2月、ロシア軍がウクライナ東部へ侵攻《しんこう》したというニュースが、世界中を駆《か》けめぐりました。以後、連日の報道により東欧の地図がたびたび映《うつ》しだされ、この地域をとりまく特殊な事情に興味を抱《いだ》いた人も多いはずです。

20世紀の終わりまで、ロシアとウクライナ、ベラルーシはソヴィエト連邦（ソ連）というひとつの国でした。また、このソ連を中心にポーランドやハンガリーなど東欧の国ぐにはワルシャワ条約機構やコメコンというグループを結成し、軍事的にも経済的にも強く結びついていました。にもかかわらず、21世紀になってこのような困難な状況がもたらされるのは、なぜでしょうか？

その答えを導き出すには、まず東欧特有の、多くの民族や言語、宗教などが複雑に入り組んだ歴史をひもとく必要があります。東欧のみならず、日本もふくめた国際情勢への理解を助ける一冊になれば幸いです。

関眞興

知って　びっくり！

東欧の4つのひみつ

初めて東欧史にふれるあなたに、意外な事実を紹介します！

ひみつ1

リトアニアの領土は広大だった!?

リトアニアは、14世紀後半にポーランドと同君《どうくん》連合《れんごう》となって以降、ドイツ騎《き》士団《しだん》などと戦ったり、16世紀にはイワン4世率《ひき》いるロシアとも戦い続けたりした強国でした。そのため、当時ポーランドやハンガリーなどより広い領土を持っていました。

→くわしくは 56 ページへ

ひみつ2

ポーランドは3回分割され、いちど消滅した!

1772年、1793年、1795年の３回にわたり、ポーランドはロシア、プロイセン、オーストリアによって分割《ぶんかつ》されました。分割のたびポーランドの領土は狭《せば》まっていき、３回目にはすべての領土が奪《うば》われ、消滅《しょうめつ》してしまいました。

→くわしくは 95、98 ページへ

ひみつ3

家畜商人が反乱を起こした？

1804年、オスマン帝国の支配下にあったセルビアで、家畜商人《かちくしょうにん》のカラジョルジェが反乱を指導しました。この反乱がきっかけとなって独立への動きが活発化し、1830年にはセルビア公国《こうこく》として自治《じち》を獲得《かくとく》することになります。

オスマン帝国の圧政、許すまじ！

→くわしくは 134 ページへ

ひみつ4

133日で消えた国がある!?

ハンガリーでは、1919年に共産党政権となったときにハンガリー・タナーチ共和国が成立しました。しかし、政策が地主や資本家に受け入れられなかったことや、チェコスロバキアやルーマニアに攻め込まれたことが原因で、たったの133日で崩壊《ほうかい》したのです。

うまくいきませんでした

→くわしくは 175 ページへ

さあ、東欧史をたどっていこう！

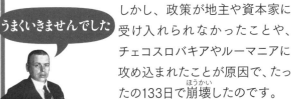

目次

chapter 4 独立への道

●文化科学宮殿
（ポーランド）

chapter 6 第二次世界大戦

chapter 7 冷戦期の東欧

chapter 8 東欧の今

ひみつコラム

●チェルノブイリ原子力発電所（ウクライナ）
1986年4月、この原発の4号機で爆発事故が起こり、放射性物質の飛散により大きな被害がありました。現在は「石棺」と呼ばれるコンクリートと、さらにその上から鋼鉄製のシェルターによって防護されており、原発の半径30キロメートル圏内への立ち入りは制限されています。

プロローグ

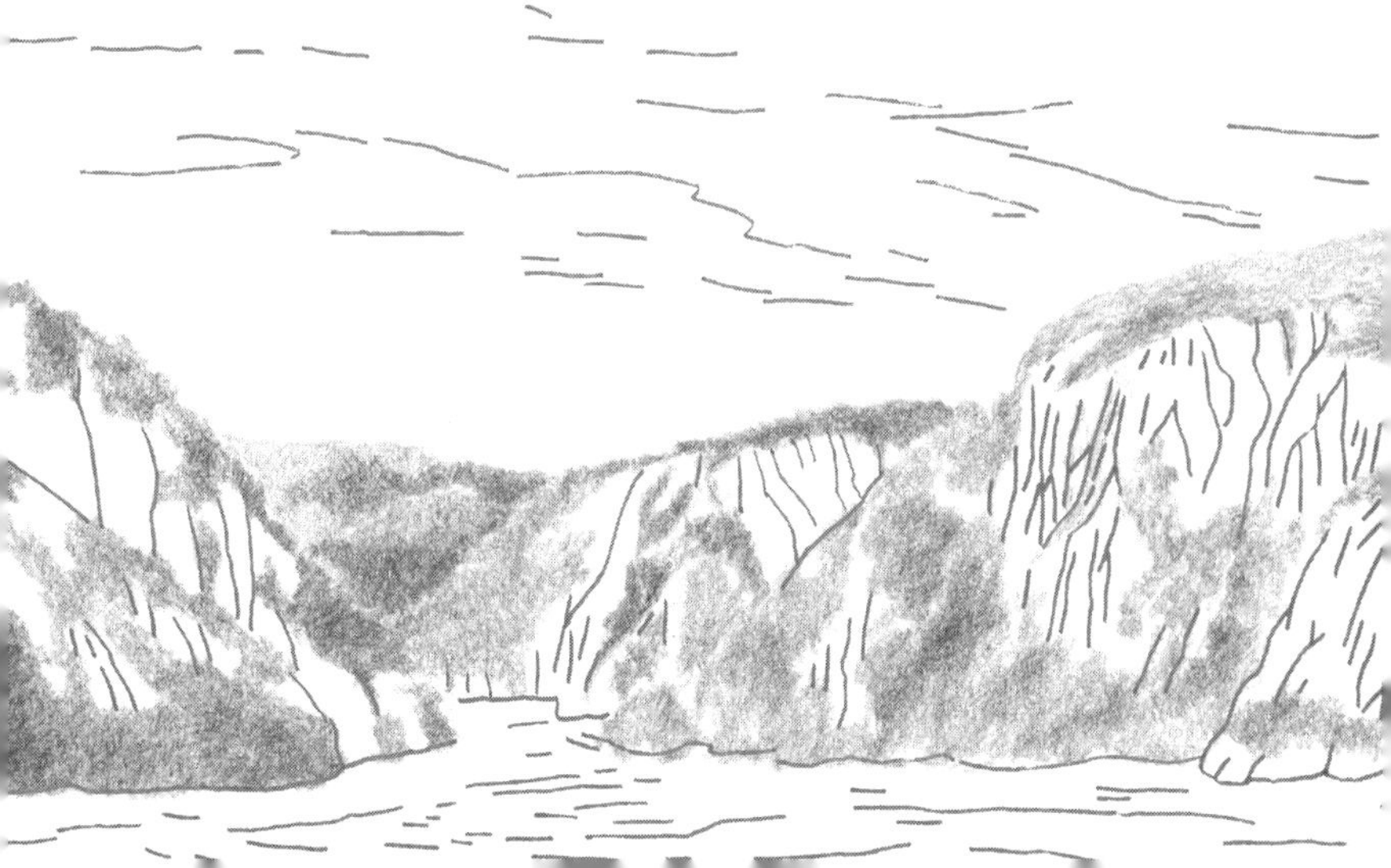

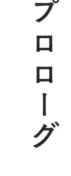

東欧ってどこ？

この本では、古代から現代にいたる東欧（東ヨーロッパ）の歴史を紹介します。
では、そもそも東欧とは、どこでしょうか？　じつは、「東欧にふくまれる国」についての統一見解はありません。『広辞苑』（第7版）では、次のように説明されています。

とうおう【東欧】
ヨーロッパの東部。第二次大戦後、国際政治上、西欧諸国と対立関係にあったポーランド・チェコ–スロヴァキア・ルーマニア・ハンガリー・ブルガリア・ユーゴスラヴィア・アルバニアの諸国が位置する地域を指した政治的・人為的な呼称。ドイツ統合以前は東ドイツを含めることもあった。１９８０年代末より急速に民主化が進む過程で、歴史的・地理的呼称である中欧とバルカンが復活した。東ヨーロッパ。↔西欧

一般的には、右のような「ヨーロッパの東部地域」と理解しておけばよいのですが、

本書ではわかりやすくするために、東欧を次のように定義します。

まず、ユーラシア大陸の中央部のロシア国内にあるウラル山脈から西の地域を、ヨーロッパといいます。ヨーロッパは大まかな民族分布《みんぞくぶんぷ》から、次の4つの地域に分かれます。

・イタリアやスペインなど、ラテン系の人びとが中心となる南欧（南ヨーロッパ）
・ドイツやフランスなど、ゲルマン系の人びとが中心となる西欧（西ヨーロッパ）
・スウェーデンやノルウェーなど、北部ゲルマン系の人びと（ノルマン人）が中心となる北欧（北ヨーロッパ）
・ロシアやポーランドなど、スラブ系の人びとが中心となる東欧

現在の地図からみた東欧の、東西の範囲《はんい》はドイツ、オーストリア、イタリアより東でロシアより西、南北の範囲はバルト海より南でギリシャより北とします。次のページの地図を眺《なが》めながら読んでもらえれば、頭に入ってくると思います。

なお、黒海の西にあるジョージア、アルメニア、アゼルバイジャンの「コーカサス三国」は、地理的にヨーロッパとせず、西アジアにふくまれるものとします。

では、本書に登場する東欧の国ぐにについて、かんたんに紹介します。

本書でとりあげる東欧の国ぐに

ポーランド	
総面積	32.2万㎢
総人口	約3801万人 (2022年4月：ポーランド中央統計局)
首都	ワルシャワ

エストニア	
総面積	約4.5万㎢
総人口	約133万人 (2021年)
首都	タリン

ベラルーシ	
総面積	約20万7600万㎢
総人口	約926万人 (2022年1月 ベラルーシ共和国国家統計委員会)
首都	ミンスク

リトアニア	
総面積	約6.5万㎢
総人口	約281.1万人 (2021年1月 リトアニア統計局)
首都	ヴィルニュス

ラトビア	
総面積	約6.5万㎢
総人口	約189万人 (2021年1月現在 中央統計局)
首都	リガ

チェコ	
総面積	7万8866㎢
総人口	1051万人 (2022年3月末現在 チェコ統計局)
首都	プラハ

スロバキア	
総面積	約4万9037万㎢
総人口	545万人 (2021年：スロバキア統計局)
首都	ブラチスラバ

ウクライナ	
総面積	60万3,700㎢
総人口	4159万人(クリミアを除く) (2021年：ウクライナ国家統計局)
首都	キーウ

モルドバ	
総面積	約3万3843㎢
総人口	264万人 (2020年 モルドバ国家統計局 トランスニストリア地域の住民を除く)
首都	キシナウ

ルーマニア	
総面積	約23.8万㎢
総人口	約1941万人 (2019年)
首都	ブカレスト

ハンガリー	
総面積	約9.3万㎢
総人口	約970万人 (2021年 中央統計局)
首都	ブダペスト

ボスニア・ヘルツェゴビナ	
総面積	約5.1万㎢
総人口	326万3000人 (2021年 世界銀行)
首都	サラエボ

クロアチア	
総面積	約5万6594㎢
総人口	約406.8万人 (2019年 クロアチア政府統計局)
首都	ザグレブ

スロベニア	
総面積	約2万273㎢
総人口	約210万人 (2020年 世銀)
首都	リュブリャナ

モンテネグロ	
総面積	約1万3812㎢
総人口	62万人 (2020年 モンテネグロ統計局)
首都	ポドゴリツァ

ブルガリア	
総面積	11.09万㎢
総人口	693万人 (2020年 世銀)
首都	ソフィア

セルビア	
総面積	約7万7474㎢
総人口	約693万人 (2020年 セルビア統計局)
首都	ベオグラード

アルバニア	
総面積	約2万8700㎢
総人口	約284万人 (2021年 アルバニア統計局)
首都	ティラナ

北マケドニア	
総面積	約2万5713㎢
総人口	約208万人 (2020年 世銀)
首都	スコピエ

コソボ	
総面積	1万908㎢
総人口	178万人 (2020年 世銀)
首都	プリシュティナ

※すべて外務省基礎データより作成

現在の東欧は、文字や言語、宗教が国境線を越えてさまざまに入《い》り組《く》んでいます。わかりやすくするために、民族と歴史的経緯《けいい》から次の4つの地域に分けました。

・非スラブ人の多い地域

東欧の民族構成はたいへん複雑ですが、大きく分けるとスラブ人と非スラブ人となります。非スラブ人の多い地域に属《ぞく》するのは、ハンガリー、ルーマニア、ブルガリア、モルドバです。

・スラブ人の多い地域のうち、ロシアとのつながりが深い東部

かつてロシア帝国やソヴィエト連邦に属し、現在、世界的に注目されている地域です。ウクライナ、ベラルーシが該当《がいとう》し、バルト三国《さんごく》のうちエストニア以外のラトビア、リトアニアでも、東スラブ語と共通要素の多いバルト語が使われます。

・スラブ人の多い地域のうち、西欧とのつながりが深い西部

ドイツやオーストリアをはじめとする西欧諸国との関係が深い地域です。ポーランド、チェコ、スロバキアが該当します。

・スラブ人の多い地域のうち、バルカン半島（南部）

バルカン半島の国ぐにです。かつてここに、ユーゴスラビアという国が存在しました。そこに属していたスロベニア、クロアチア、ボスニア・ヘルツェゴビナ、セルビア、コソボ、モンテネグロ、北マケドニアの国ぐにと、アルバニアが該当します。

広範囲にわたる東欧は、気候風土《きこうふうど》も多様です。大まかにいえば西より東、南より北のほうが平均気温は低い傾向にあります。広大な平野部《へいやぶ》よりも、山岳部《さんがくぶ》のほうが降水量は多くなります。

緯度《いど》でみると北海道の稚内《わっかない》よりも北に位置するバルト三国、ポーランド東部、チェコ、スロバキア、ハンガリー、ウクライナ内陸部などは亜寒帯湿潤気候《あかんたいしつじゅんきこう》です。1年を通じて平均気温が低く、とくに冬は氷点下となります。山岳部では、しばしば大雪が降ります。

ポーランド西部やドナウ川の流域は、イギリスやフランス、ドイツなどと同じ西岸海洋性気候《せいがんかいようせいきこう》です。冬の平均気温は氷点下まで下がるものの、夏は気温が高くなります。雨や雪はあまり降りません。

一方、北海道とほぼ同じ緯度に位置するアドリア海や黒海の沿岸地域は、地中海性気候《ちちゅうかいせいきこう》です。年間通じて雨が少なく、とくに夏は雨が降らない「乾季」となり、平均気温も高くなります。

前置きが長くなってしまいましたが、ここから東欧のはじまりをみていきましょう。

東欧に人が住みはじめたのは、数十万年前と考えられています。しかし、文明との接点ができるまでほとんど記録が残っておらず、はっきりした起源はわかりません。

紀元前3000年紀ころ、ウラル山脈からカルパチア山脈の南に広がる広大《こうだい》な平原《へいげん》に、スラブ人のルーツにあたる人たちが住んでいたとみられています。つまり、現在ロシアが侵攻《しんこう》しているウクライナは、東欧のはじまりの地のひとつともいえます。その後西へ、南へと人びとの居住地域が広がっていきました。

紀元前1000年紀のはじめ、ギリシャ人が北へ進出し、植民市《しょくみんし》をつくりました。この影響でバルカン半島にギリシャ文明が伝わります。その後、イタリア半島に都市国家が生まれ、そのなかのひとつでラテン人の建てたローマが古代ローマ帝国へと発展しました。2世紀、古代ローマ帝国はバルカン半島の一部を支配下におさめ、ドナウ川の南部まで進出しました。その後、ドナウ川の南岸がつぎつぎと属州《ぞくしゅう》（ローマ本国以外の領土）となっていくのです。

chapter 1

国ぐにのはじまり

人びとの流れ

古代ローマ帝国は、アフリカ大陸や現在のイギリスのあるブリテン島までを支配下に置きますが、ライン川の東方には拡大できませんでした。

ライン川の東方はゲルマニアと呼《よ》ばれ、ゲルマン人が暮らしていました。そのゲルマニアのさらに東を流れるヴィスワ川やドニエプル川の上流域、つまり現在のポーランドやベラルーシ、ウクライナ西部のあたりが、スラブ人の原住地《げんじゅうち》です。スラブ人は、農業や牧畜《ぼくちく》、漁猟《ぎょりょう》、養蜂《ようほう》などを行いながら、人口を増やしていきました。

2世紀ごろから、スラブ人の居住地にゲルマン人（ゴート人）が入ってきます。さらに4世紀以降、東方に住むアジア系のフン族に攻撃《こうげき》されたゲルマン人が西方に移動し、これに押されるように、スラブ人が東欧各地に広がりました。

スラブ人の3つのグループ

7世紀になると、スラブ人は言語や文化のちがいから西スラブ系（ポーランド、チェコなど）、東スラブ系（ロシア、ウクライナなど）、南スラブ系（セルビア、ブルガリア、アルバニアなどバルカン半島周辺）の3つのグループに分かれます。

東ローマ帝国とゲルマン人

ローマ帝国は4世紀になると内紛《ないふん》のため東西に分裂し、西ローマ帝国は5世紀にゲルマン人によって滅《ほろ》ぼされます。一方、コンスタンティノープル（現在のイスタンブール）を都《みやこ》とする東ローマ帝国（ビザンツ帝国）は15世紀まで存続しました。

その後、西欧ではゲルマン人の築《きず》いたフランク王国が9世紀に3つに分かれ、そのうちの東フランク王国が、のちに神聖ローマ帝国と呼ばれるようになります。これは現在のドイツのもとになった国で、のちに、選帝侯《せんていこう》という上級貴族の選挙で皇帝が決定されるようになります。

同じキリスト教でも、神聖ローマ帝国はカトリック教会、東ローマ帝国は東方（ギリシャ）正教会で、教義や組織がちがいます。

東欧の西スラブ系の国ぐにはカトリックが、南スラブ系の国ぐにには東方正教圏の文化が広がり、東スラブ系の国ぐには北方に住むノルマン人やアジアから来たモンゴル人の影響を受け、それぞれの歴史がつくられていくのです。

それでは、東欧の各地域をまず西スラブから順にみていきましょう。

ポーランドの国家形成

西スラブ系の代表的な国がポーランドです。現在のポーランドにあたる地域は10世紀ごろまでの歴史資料が少ないですが、5世紀から7世紀ごろポラーニ族という西スラブ系の人びとが暮らしていました、これが国名の由来《ゆらい》です。

10世紀後半、ポラーニ族の有力者ミェシコ1世が諸勢力をまとめてピャスト朝を興《おこ》し、カトリックを受け入れます。ただし、近隣の神聖ローマ帝国やボヘミア、ロシア（キエフ・ルーシ）との敵対や同盟をくり返し、なかなか統一が進みませんでした。

12世紀になると、ドイツの諸侯《しょこう》（有力な貴族）や農民がエルベ川の東へと移り住み（東方植民）、ポーランド人の間《あいだ》にはドイツ人の宣教師《せんきょうし》や職人《しょくにん》がもたらした技術が広がりました。東欧のなかでも、ドイツの影響を受けた西スラブ人は、東ローマ帝国の文化的な影響が強いバルカン半島の南スラブ人と分断《ぶんだん》されていきます。

アヴァール人とサモの国

現在のポーランドの南にあるチェコとスロバキアのさらに南にあるハンガリーの起源は、少し複雑です。

6世紀前半、中央アジアから遊牧民《ゆうぼくみん》のアヴァール人が、現在のハンガリーあたりに移動してきました。彼らは、そこで暮らしていたゲピド（ゲピダエ）人を滅ぼすなどして、新《あら》たに国をつくり、周辺の西スラブ系の人びとを支配しました。

アヴァール人は、7世紀に東ローマ帝国と戦って敗《やぶ》れ、衰《おとろ》えます。これに乗じて、西スラブ系のチェコ人やスロバキア人は、フランク人の商人といわれ

るサモを王とする「サモの国」を建国しました。これはスラブ系の人びとがはじめてつくった国です。サモの国はフランク王国とも争《あらそ》い、サモの死後、東ローマ帝国がイスラム勢力との戦いに追われると、そのすきに復活したアヴァール人がサモの国を滅ぼしました。

8世紀末になると、今度はフランク王国がアヴァール人を攻め、ふたたび弱体化したアヴァール人は東方から来たマジャール人（ハンガリー人）としだいに同化し、歴史から姿《すがた》を消しました。

大モラヴィア王国とキリル文字

アヴァール人を攻撃したフランク王国は、さらに東へと進出していきます。これに対抗するため、820年ころ、西スラブ系の人びとは大モラヴィア王国をつくりました。モラヴィアとは、現在のチェコとスロバキアの国境あたりの地域名で、その領土は現在のハンガリーやポーランドなどの一部もふくまれるほどの大国となります。

大モラヴィア王国は、カトリックを国教とするフランク王国に対抗すべく、ギリシャ正教を国教とする東ローマ帝国との友好を深めました。

9世紀中ころには、ギリシャ正教の宣教師であるキュリロスとメトディオスが大モラヴィア王国に招《まね》かれました。彼らはスラブ系の人びとへの布教のためにグラゴール文字をつくります。これが、現在も東欧で使われているキリル文字のもとになりました。ただし、大モラヴィア王国ではカトリックのほうが広まります。

このあと大モラヴィア王国は、南のマジャール人に攻撃され、弱体化していきました。

大モラヴィア王国

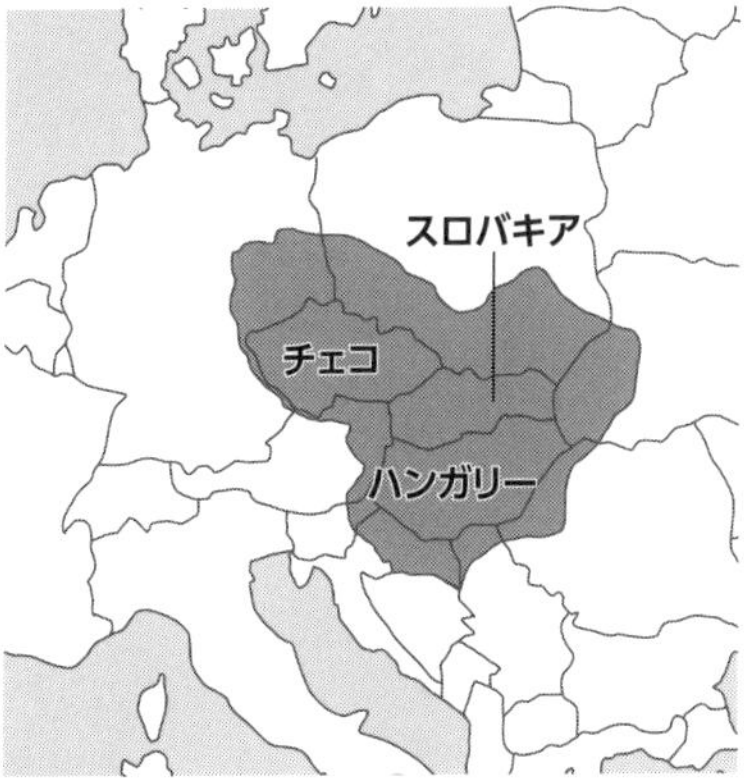

ボヘミア王国の成立

9世紀の後半になると、チェコ人の多くが、大モラヴィア王国の支配から離《はな》れました。ボヘミアでは、プラハを本拠地《ほんきょち》とするプシェミスル家が大きな力を持ちます。

10世紀の後半、ボヘミアは大モラヴィア王国を併合《へいごう》し、さらにハンガリーやポーランドと戦いました。プシェミスル家は、神聖ローマ帝国皇帝の臣下《しんか》となって、その権威《けんい》を借《か》りることに成功し、中央集権の政治を行うようになりました。12世紀には、オタカル1世が神聖ローマ皇帝から王号の使用を認《みと》められ、ボヘミア王国が成立します。

その後、ボヘミア王国には、ドイツ人の聖職者や商人、職人、農民、鉱夫《こうふ》などが移住して人口が増えていきます。もともと人口の少ない地域だったため、チェコ人はドイツ人をこころよく迎《むか》え入れました。

なお、大モラヴィア王国の東部にいたスロバキア人は、ハンガリーの支配下に入りました。大モラヴィア王国には、西からドイツ人も進出しましたが、ボヘミアと比《くら》べるとドイツ文化の影響はそれほど大きくありませんでした。

ハンガリー王国の建国

続いて、ボヘミアの誕生にも関与した遊牧民マジャール人についてみていきましょう。

9世紀には、カルパティア山脈の西にあるパンノニア平原（現在のハンガリー）に、マジャール人が住みはじめました。9世紀の末、マジャール人のアールパードが、バラバラだった勢力を統一し、アールパード朝がはじまります。

マジャール人はさらに西へと勢力を拡大しますが、955年にレヒフェルトの戦いで東フランク王オットー1世に敗れました。以後、マジャール人は遊牧生活をやめて定住するようになり、農業を中心とする国の建設が進みました。

アールパード朝のイシュトバーン1世は、1000年にキリスト教を受け入れ、ローマ教皇からハンガリー国王の称号《しょうごう》を与《あた》えられたことで、ハンガリー王国が成立します。

イシュトバーン1世の時代、ハンガリー王国はスロバキア地方を併合し、さらに南のクロアチアまでを支配下とします。こうしてマジャール人は、スラブ系の

人びとと共存・共生をしながら、東欧の国ぐにの一員となっていきました。

なお、このころからドナウ川沿《ぞ》いにある都市ブダに人が集まり、中心地として栄《さか》えはじめました。対岸のペシュト（ペスト）も、同時期に整備されはじめます。

オストマルクからオーストリアへ

スラブ系の民族による国が登場し、その勢力範囲が広がっていくと、ゲルマン人国家であるフランク王国は危機感を募《つの》らせました。796年、フランク王国を治《おさ》めるカール大帝はスラブ系民族から領土を守る拠点《きょてん》として、自国の東にオストマルク（東辺境伯領《ひがしへんきょうはくりょう》）を設置します。

オストマルクはマジャール人の侵入を食い止められず、907年に解体されますが、オットー1世がマジャール人

そのころ、日本では？

藤原忠平《ただひら》が摂政《せっしょう》と関白《かんぱく》を務めていた969（安和《あんな》2）年、醍《だい》醐《ご》天皇の子で左大臣の源高明《みなもとのたかあきら》が皇位継承をめぐる陰謀《いんぼう》をくわだてたとして、左遷《させん》されます（安和の変）。この結果、藤原氏の勢力は不動のものとなり、以後、摂政もしくは関白がつねに置かれる摂関政治が定着します。

を撃退《げきたい》したのち、オットー2世が976年に再建《さいけん》します。このオストマルクが変化して、のちにオーストリアと呼ばれるようになりました。

東ローマ帝国との対立と友好

初代ハンガリー国王のイシュトバーン1世は、1038年に死去します。このあと権力争いが起こり、数十年にわたって国内は混乱しました。権力争いのなかで、神聖ローマ帝国の助けを借りて即位《そくい》する王などが現れ、一時は属国《ぞっこく》になったこともありました。

1077年、ローマ教皇と神聖ローマ皇帝が、聖職者の任命権をめぐって対立する（聖職叙任権闘争《せいしょくじょにんけんとうそう》）と、ハンガリー王は教皇側につきました。これにより、ハンガリー王国は神聖ローマ帝国の支配からのがれます。

ただし、今度はクロアチアを狙《ねら》う東ローマ帝国と対立し、バルカン半島をめぐって争いました。このあと100年にわたって、ハンガリー王国は東ローマ帝国との戦争と和平をくりかえします。12世紀の後半に王となったベーラ3世は、東ローマ帝国との戦いで勝利し、周辺国との同盟などで勢力を拡大したことで、王国の最盛期を築きました。

東ローマ帝国とブルガリア

ブルガリアの国名のルーツであるブルガール人は、もとは黒海北岸にいたアジア系の遊牧民でした。7世紀後半にドナウ川下流へ移住し、東ローマ帝国と戦ったのち、バルカン山脈の北部で生活することが認められたため、ここに国家としてのブルガリアが成立します。

同じころ、スラブ系の人びともバルカン半島に移ってきていました。ブルガール人は、はじめはスラブ系の人びとを支配していましたが、圧倒的に数が少ないために、スラブ人と同化していきます。

9世紀の末に即位したシメオン1世の時代、

東ローマ帝国の支配（10世紀末～12世紀）

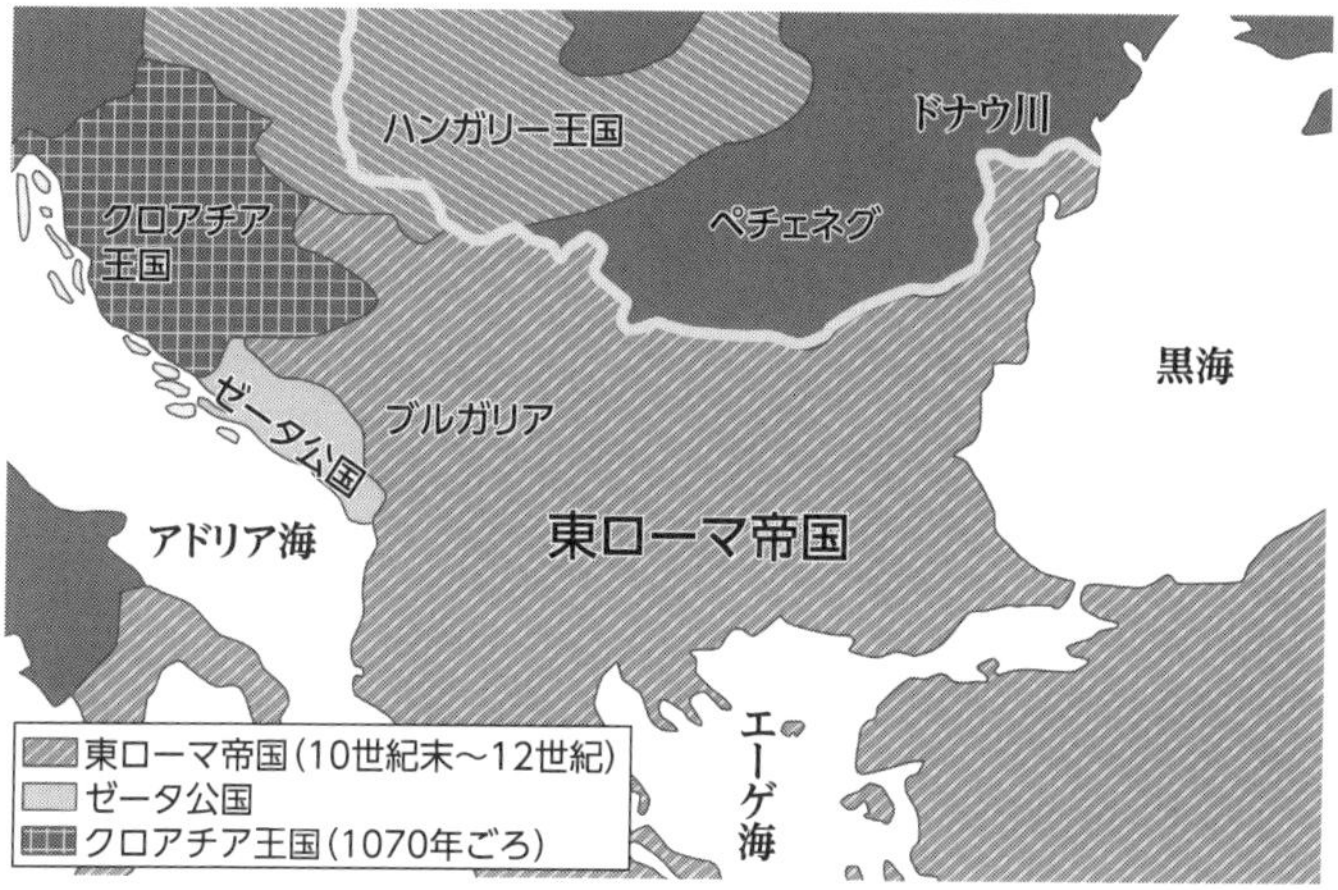

ブルガリアは黒海からアドリア海まで領土を広げ、東ローマ帝国だけでなく、フランク王国とも対立しました。

そして913年、シメオン1世は東ローマ帝国の首都コンスタンティノープルまで攻め込み、ブルガリア皇帝の称号を獲得します。こうして、ブルガリア帝国となりました。

ブルガリア帝国は、その後も領土をめぐって東ローマ帝国と戦いますが、11世紀のはじめ、ついに滅ぼされました。ブルガリア帝国を滅ぼした東ローマ皇帝バシレイオス2世は、のちに「ブルガリア人殺し」の異名《いみょう》をつけられています。

第二次ブルガリア帝国

東ローマ帝国に支配されたブルガリア人に転機が訪《おとず》れたのは、11世紀後半のことです。まず、西アジアにイスラム教国のセルジューク・トルコが進出し、エルサレムを占領しました。エルサレムは、イスラム教徒だけでなくキリスト教徒にとっても聖地でした。これを受けてローマ教皇は、キリスト教国家にエルサレムの奪回《だっかい》を呼びかけ、なんども遠征します。この遠征部隊が、十字軍です。十字軍とイスラム軍の戦闘で西アジアは混乱し、東ローマ帝国はバルカン半島にかまっていられなくなりました。

混乱はしばらく続き、12世紀の後半、ついに第二次ブルガリア帝国が建設されます。13世紀のはじめに東ローマ帝国が一時的に滅亡すると、ブルガリア帝国は全盛期を迎えました。

ブルガリアの北にあるルーマニアは、ラテン語で「ローマ人の国」を意味します。他の東欧の国とは異なり、ラテン語が使われています。

2世紀はじめ、ローマ帝国のトラヤヌス帝は、ダキア地域（ドナウ川下流域の北部）

を征服しました。ダキアにはローマ人が移住し、先住民族のダキア人がローマ人の文化になじんでいったことで、のちにローマ人の子孫であると意識するようになります。

ただし、7世紀以降はブルガリア帝国に組み込まれたり、11世紀にアジア系遊牧民のクマン人が国をつくったりして、ルーマニア人（ダキア人）による国は、しばらく建設されませんでした。

神聖ローマと東ローマの間で

バルカン半島の北西部には、現在スロベニアやクロアチアがあります。この地域は、8世紀から9世紀ころから東ローマ帝国とフランク王国（東フランク王国）が対立する場所でした。

8世紀ころにフランク王国の支配下に置かれたスロベニアは、9世紀ころからカトリックを受け入れています。さらに、10世紀以降に神聖ローマ帝国の支配下に入ると、その文化が広く浸透《しんとう》していきました。しかし、スロベニア人のカトリック聖職者はスロベニア語を使っていたことから、同化することはありませんでした。

11世紀・12世紀のハンガリーとクロアチアの関係

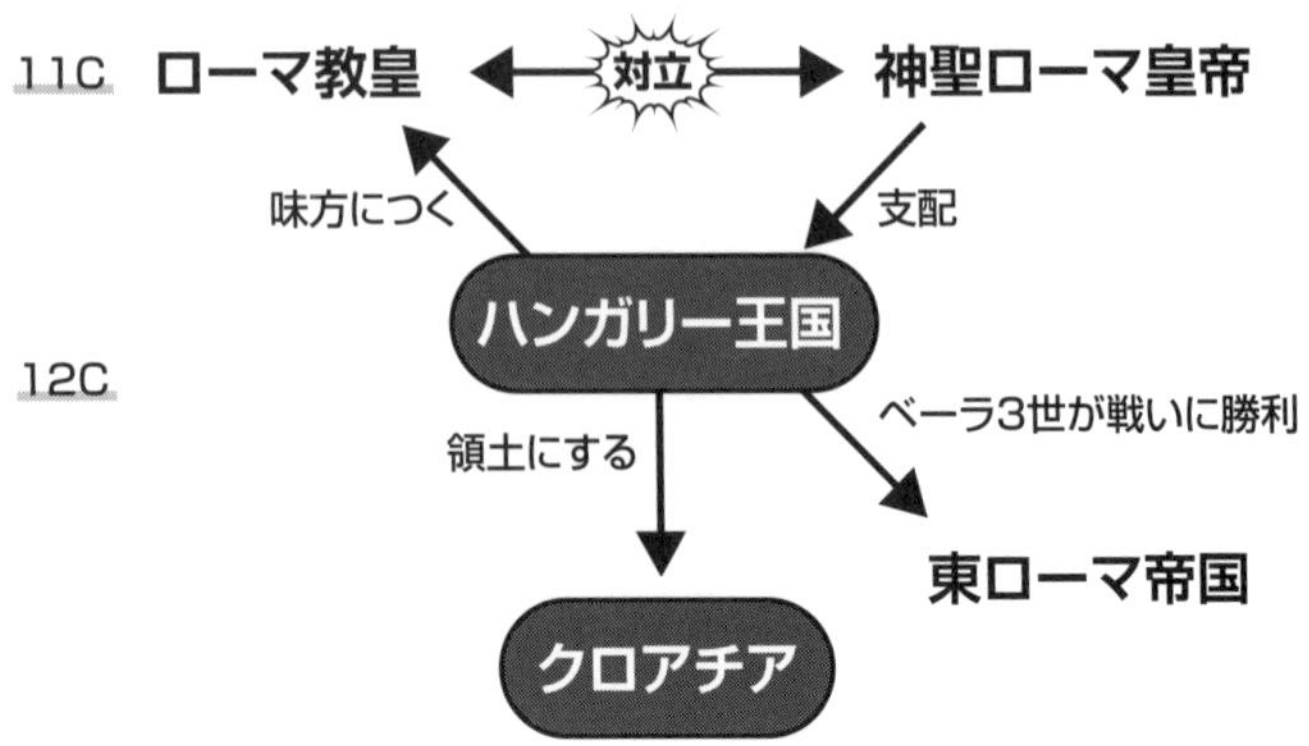

一方のクロアチアは、フランク王国と東ローマ帝国が代わるがわる支配していきます。そして9世紀以降になって両者が弱体化すると、クロアチアはローマ教皇に接近し、王国としての立場を認められました。しかし、11世紀末に王位継承《けいしょう》をめぐる争いが起こるとハンガリーにつけこまれ、12世紀にその支配下となります。その後、神聖ローマ帝国の下でハンガリー王がクロアチア王を兼《か》ねる時代が続きました。

「黒い山」に住む人びと

現在のバルカン半島の中南部にはセルビアとモンテネグロがあります。セルビア人は7世紀ごろ、北方からこの地に流入《りゅうにゅう》してきました。モンテネグロ人はもともとセルビア人の一派で、セルビア辺境の山岳地帯に定住した人びとです。モンテネグロとは、イタリアのヴェネツィア地方の方言で、「黒い山」を意味します。一説によると、ヴェネツィア人が天候の悪いとき、モンテネグロの山岳が黒く見えたのでそう呼んだことにはじまるといわれています。

8世紀以降、バルカン半島南部はブルガリア帝国や東ローマ帝国の勢力圏《けん》となり、ギリシャ正教が広まりました。11世紀ころにはセルビア王国が誕生し、南北に領土を広げていきます。しかし、12世紀になると、現在のボスニア・ヘルツェゴビナ周辺を東ローマ帝国に奪われ、この地域はその後、ハンガリーの支配下に置かれました。

なお、モンテネグロの北西のドゥブロブニクは、12世紀ころから港湾《こうわん》都市として貿易で栄え、東ローマ帝国やハンガリーとも良好な関係を築き、独立を保ちました。

白い土地、アルバニア

現在モンテネグロやセルビア、マケドニア、ギリシャなどと国境を接しているアルバニアには、以前はスラブ系とは異なる民族が暮らしていました。アルバニア人のルーツは、先住民族のイリュリア人です。ローマの拡大が続いていた紀元前3世紀ころから交易ルート上に位置したため、東ローマ帝国の支配下に置かれたこともありました。

アルバニアという地名は「白い土地」という意味で、11世紀ころのローマ人が、この土地が石灰岩質《せっかいがんしつ》で白かったのでそう呼んだことにはじまるという説があります。アルバニア人自身は、自分たちのことをシュチプ（鷲《わし》）、またはシュチプタル（言語を理解する人びと）と呼んでいました。

キエフ公国

最後に、東スラブについてみていきましょう。この地域で中心となるのは、ロシアです。ロシア人のルーツは、スラブ人と9世紀にスカンジナビア半島から南下してきたノルマン人（ヴァリャーギ）との交流にはじまります。

ノルマン人は、バルト海（フィンランド湾）と内陸をつなぐ都市ノヴゴロドから現在のキエフ（現在のキーウ）を通って黒海にいたり、東ローマ帝国とさかんに交易を行いました。

882年、キエフにやってきたノルマン人のオレーグが、この地を拠点《きょてん》にキエフ公国を樹立します。国の基礎《きそ》が固まったのは、10世紀後半のウラジーミル1世の時代です。ウラジーミル1世は周辺のスラブ人勢力を武力《ぶりょく》で抑《おさ》え、東ローマ皇帝バシレイオス2世の妹を王妃に迎えて権威《けんい》を高め、ギリシャ正教を国教としました。

ウラジーミル1世の息子であるヤロスラフ大公は領土をさらに広げ、11世紀には最盛期を迎えます。その後、力をつけた部族が独立していき、キエフ公国は分裂します。12世紀の後半、そのなかからウラジーミル大公国が強大化しました。

ウラジーミル大公国では、農民の自由を奪って地主に従《じゅ》属《うぞく》させる農奴《のうど》制が定着しますが農業生産は伸びず、イタリア商人に地中海貿易の主導権を奪われて、交易《こうえき》活動も衰退《すいたい》

そのころ、日本では？

平氏《へいし》を倒し、鎌倉幕府《かまくらばくふ》を開いた 源 頼朝《みなもとのよりとも》は1198（建久《けんきゅう》9）年12月27日、相模川《さがみがわ》の橋供養《はしくよう》に行った帰りに落馬。以後、床《とこ》に臥《ふ》したままとなり、翌年1月13日に死去しました。これにより、頼朝の子の頼家《よりいえ》が二代目将軍になります。ただ、頼朝の死因は暗殺という説もあります。

します。この結果、現在のロシア東部やウクライナなどが位置するキエフ・ルーシ（10世紀～12世紀ころのキエフ中心としたロシア）圏内の都市は、衰退していきました。

バルト三国のはじまり

バルト海の東海岸には、北から順にエストニア、ラトビア、リトアニアが並《なら》んでおり、まとめてバルト三国と呼ばれています。

エストニア人は、北方のフィンランド人やハンガリーのマジャール人と同じく中央アジアにルーツがあり、8世紀ころからバルト海沿岸の北部で独自の社会をつくっていました。

ラトビアには、紀元前1世紀ころからリーヴ人が住んでおり、リヴォニア（リーヴ人が住む土地）と呼ばれました。その後、フン族やスラブ人の移動があって、南からラトビア人とリトアニア人が移動してきました。ラトビアやリトアニアにも、12世紀にスウェーデンやデンマークが進出しています。

いずれも、まだ国のようなまとまりはなく、諸民族が集まって暮らしていました。

ドイツ騎士団とポーランド

これまで見てきた東欧の国ぐには、13世紀以降、ふたつの勢力の影響を強く受けます。ひとつはドイツ騎士団です。11世紀後半にイスラム教徒と戦う十字軍が組織されると、十字軍を支援するドイツ騎士団が結成されます。そして、13世紀には活躍の場を東欧へと移しました。

東欧で最初にドイツ騎士団を受け入れたのは、ハンガリーでした。ところが、ドイツ騎士団がトランシルバニア（現在のルーマニア中部から北部）に拠点を築こうとしたため、危機感を抱いたハンガリー王により追放されます。

続いてドイツ騎士団を呼びよせたのは、ポーランドのマゾフシェ公でした。彼はヴィスワ川の下流にいた異教徒《いきょうと》のプロイセン人を討伐《とうばつ》してほしいと頼《たの》みました。依頼を果たした騎士団は、神聖ローマ皇帝とローマ教皇から、征服したプロイセン人の土地を領有する許可を得ます。また、このころリヴォニア地方に、帯剣（リヴォニア）騎士団が設立され、ドイツ騎士団はこれを吸収してさらに強大な勢力になりました。

タタールのくびき

東欧に変化をもたらしたもうひとつの勢力とは、モンゴルでした。

政治的にも経済的にも停滞していたロシアに、激震《げきしん》が走ったのは13世紀のはじめです。モンゴル高原を統一したチンギス・ハンの死後、子のオゴタイ・ハンが後《あと》を継《つ》ぎました。オゴタイの指示でヨーロッパに遠征したバトゥが、ウラル山脈を越え、攻め込んできたのです。

東欧の国ぐにとモンゴル軍との最初の対決は、１２２３年のカルカ河畔《かはん》の戦いでした。モンゴル軍は、キエフ・ルーシの国ぐにの軍に圧勝します。さらにバトゥは１２３７年にモスクワを、１２４０年にはキエフを占領しました。

翌年、ワールシュタットの戦いでバトゥがポーランド・ハンガリー連合軍を破《やぶ》りましたが、皇帝オゴタイ・ハンが死んだため、軍を引きあげます。その帰路、カスピ海の北方にあるサライを中心にキプチャク・ハン国がつくられました。キエフ・ルーシはモンゴルの支配下に置かれ、税として穀物《こくもつ》や毛皮などを強制的に納《おさ》めさせられました。

こうしたモンゴルによる支配を、後世のロシア人は「タタールのくびき」と呼んでいます。タタールとはモンゴル人のことで、くびきとは牛や馬を人間の意のままに動かす器具のことで、モンゴル人によるきびしい支配を意味しています。

ネヴァ川の公

モンゴルの支配により、キエフ・ルーシは崩壊しました。以後は、地域としてロシアと表記します。

ロシアでは、ふたつの対応策が考えられました。ひとつは、ポーランドまで進出していたドイツ騎士団と協力して、モ

13世紀のモンゴルの版図

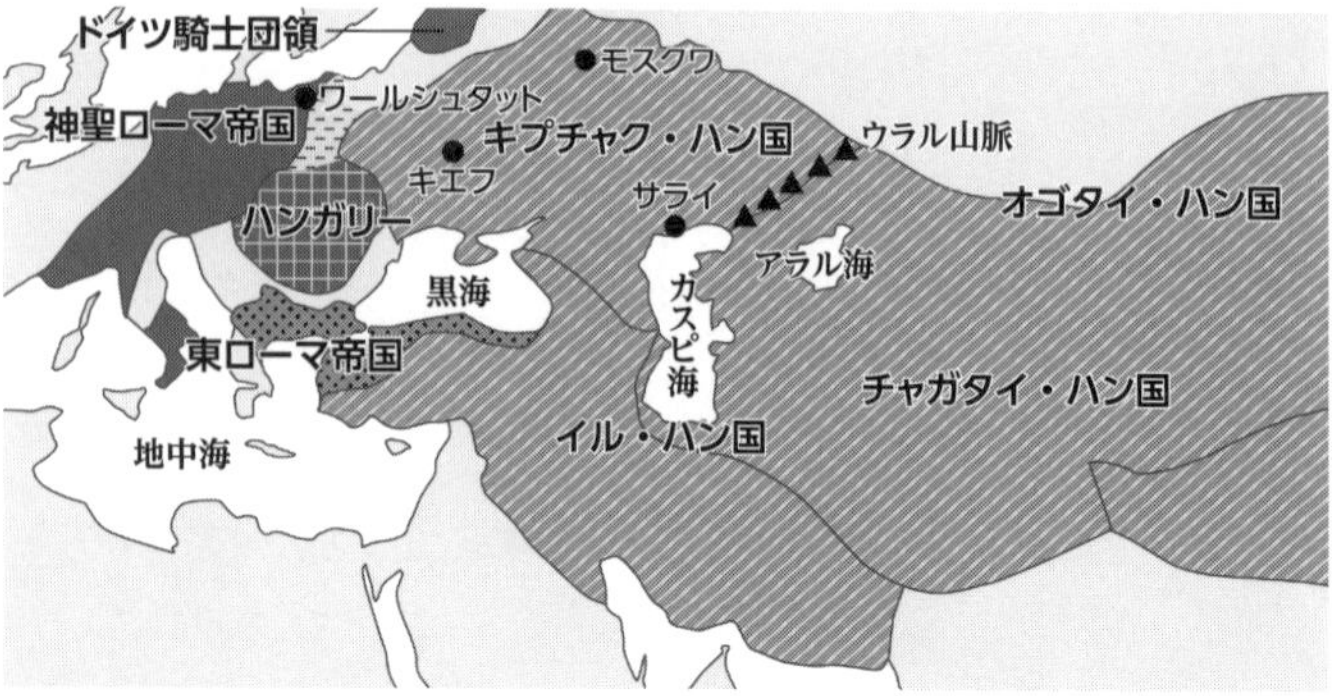

ンゴルと戦おうというものでした。ただ、ロシアには賛成《さんせい》する者は少なく、実際に援助《えんじょ》も受けられませんでした。

もうひとつは、ロシアは東のモンゴル、西のドイツ騎士団のいずれも敵《てき》とみなし、モンゴルの支配は受け入れ、ドイツ騎士団に対してはみずからの領土を守る対策をとるというものでした。

後者を強く主張したノヴゴロド公アレクサンドルは、１２４０年の夏、ネヴァ河畔でスウェーデン軍に勝利しました。このため、彼はアレクサンドル・ネフスキーと呼ばれます。ネフスキーとは、「ネヴァ川の」という意味です。１２４２年には、チュド湖の氷上の戦いでドイツ騎士団を撃破しました。

彼は、キプチャク・ハン国に対しては臣下として振《ふ》る舞《ま》いました。また、ロシア人をモンゴル軍に編入するのを止めさせたり、ロシア人諸侯に徴税《ちょうぜい》の権利を認めさせたりして、国力の温存《おんぞん》を図《はか》ります。

14世紀もモンゴルの支配は続きますが、1380年にモスクワ大公ドミトリーが軍を率いて、キプチャク・ハン国軍とドン川河畔のクリコボで戦い、勝利しました。しかし、モスクワ大公などロシアの支配者たちは基本的にモンゴルに従う立場を続け、さらに1世紀にわたってモンゴルの支配を受け入れました。

ポーランドにもモンゴル軍が

ドイツ騎士団が領土を広げていたころ、ポーランドには、ロシア（キエフ・ルーシ）を破ったモンゴル軍が迫《せま》っていました。

ポーランドが攻撃される原因となったのは、黒海北岸にいたトルコ系の遊牧民クマン人です。11世紀に中央アジア方面から移ってきたクマン人は、戦闘が得意で東欧の国ぐににとって脅威でしたが、一方で軍人として取り込むことができれば有益《ゆうえき》な存在でした。

1223年、クマン人はロシアと同盟を結んでモンゴルと戦うも、敗れました。居場所をなくしたクマン人は、ポーランドとハンガリーに助けを求めます。それを追ったモンゴル軍が、ポーランドに攻め込んだのです。

1241年、リーグニッツの戦いでドイツ・ポーランド連合軍はモンゴル軍に敗れ、都市をことごとく破壊《はかい》されます。モンゴル軍は、ポーランドを支配することなく、すぐに南の進路を変えてハンガリーに攻め込みました。ハンガリーは、クマン人をモンゴルに対する防波堤《ぼうはてい》として戦わせようと考えていました。

モヒの戦い

モンゴル軍が迫るハンガリーでは、アールパード朝のベーラ4世が国王権力の強化をはかりますが、有力者たちは戦いに協力しませんでした。

そのころ、日本では?

東欧を襲《おそ》ったモンゴル帝国は、1274年と1281年に日本にも侵攻《しんこう》しますが、失敗に終わりました（文永《ぶんえい》の役《えき》、弘安《こうあん》の役）。その後の14世紀には、倭寇《わこう》と呼ばれた日本の海賊《かいぞく》が、モンゴル帝国の支配下にある中国大陸や朝鮮半島の沿岸で、現地の勢力とたびたび戦いました。

1241年、ベーラ4世はモヒの戦いでモンゴルに敗れ、やむなくオーストリアに領土の一部を譲《ゆず》り、それを引《ひ》き換《か》えに保護されました。ハンガリーの都市はモンゴル軍に破壊されますが、オゴタイ・ハンの死でモンゴル軍は撤退します。こうして、ハンガリーはモンゴルの支配をまぬかれました。復権したベーラ4世は、荒《あ》れ果てた国土を再建し、オーストリアに譲った領土の回復や、ボヘミアからの領土獲得をはかります。

1301年にアールパード朝が断絶すると、周辺の国ぐにが王位継承に口を出し、混乱が広がります。結局、有力貴族の選挙によって1308年にナポリ王国出身のカーロイが即位してアンジュー朝を開き、ハンガリー王となり、ポーランドのカジミェシュ3世と同盟しました。その後、カーロイの息子であるラヨシュ1世は、貴族や農民への支配を強めて国力を充実させ、バルカン半島北部も支配下に置きます。

ヤギェウォ朝の成立

モンゴルの脅威が去ったあと、ポーランドではドイツ騎士団の統治をまねて、農業を中心とする国づくりが進められました。

ヤギェウォ朝にいたるまでの系図

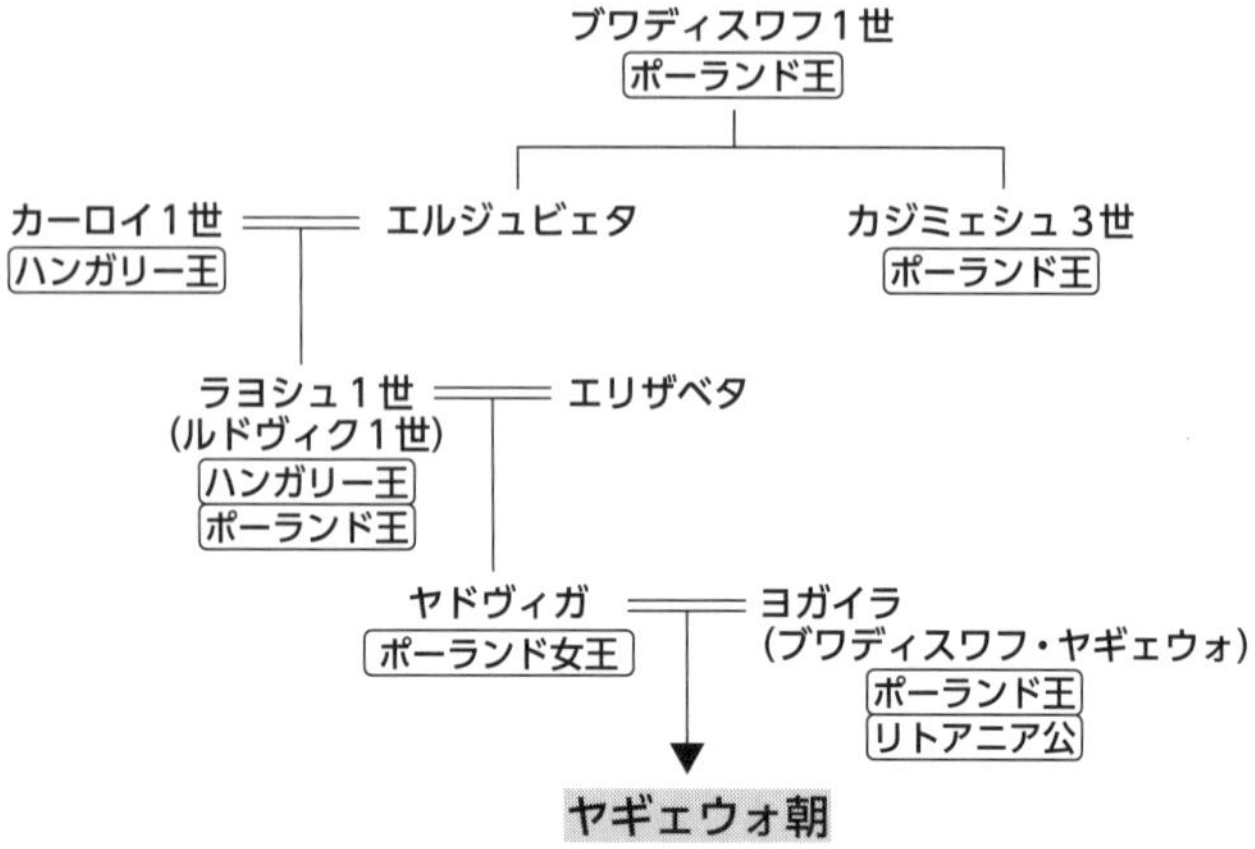

14世紀はじめまでのポーランドは、ボヘミアなどに比べて経済の発展が遅《おく》れていましたが、1333年に即位したカジミェシュ3世が農業や商業を発展させる政策を実行します。

カジミェシュ3世は、ドイツ人を招《まね》いて開墾《かいこん》を進め、道路や橋などをつくっていきます。また、ドイツ人だけでなくユダヤ人も積極的に迎え入れました。

ユダヤ人は、古代の中東でイスラエル周辺に住んでいたユダヤ教徒の子孫で、この時期にはドイツや東欧にも多く移住しています。ユダヤ人はキリスト教徒から迫害《はくがい》を受けることもありましたが、商業や医療、手工業などで活躍しました。

カジミェシュ3世は、法律を整備したり、貨幣《かへい》を発行したりして、体制を整えました。さらにクラカウ大学を設立し、教育や文化の発展を図ります。このころ、ポーランドは大いに栄えました。

1370年にカジミェシュ3世が後継《あとつ》ぎのないまま死去すると、ピャスト朝は断絶します。そして、カジミェシュの姉が、ハンガリー王ラヨシュ1世の母であったことから、ラヨシュ1世はポーランド王も兼任することになりました。

ところが、ラヨシュも男子の後継者がいないまま1382年に死去し、娘のヤドヴィガがポーランド王位を継ぎました。1386年、ヤドヴィガはバルト海沿岸にあったリトアニア大公国の元首ヨガイラと結婚しました。ヨガイラはブワディスワフ・ヤギェウォと名乗ってポーランド王となり、ヤギェウォ朝がはじまります。

ボヘミアの父

続いては、西スラブのボヘミアの動きをみていきます。

1306年にプシェミスル朝が断絶すると、ボヘミア王に招かれました。1310年、神聖ローマ皇帝のハインリヒの長男ヨハンを創始者として、ボヘミアにはルクセンブルク朝が成立します。

ヨハンはオーデル川上流域のシレジアなどに外交面での圧力をかけ、シレジアの諸侯を臣下としてボヘミア領に加えました。さらにヨハンはルクセンブルク家の立場を強めるため、教皇や、皇帝を選ぶ選帝侯との関係を深めていきます。

一方、国内の聖職者や貴族に対しては譲歩して、彼らの発言権を認めたため、ボヘミアでは貴族たちが政治の実権を握《にぎ》ります。

1346年にヨハンが死去すると、長男のカレル1世が即位しました。彼は、ヨハンとは異なり、聖職者や貴族の力を抑えて、みずからに権力を集めます。また、豊《ゆた》かな経済地帯を保持していた当時のボヘミアの国力を背景として、神聖ローマ皇帝（カール4世）に任命されたため、キリスト教世界におけるボヘミアの地位を高めました。

フランスの宮廷《きゅうてい》で育ったカレルは教養が深く、プラハを大国の首都にふさわしい都市にするため「プラハ大学」を設立するなど、文化の振興にも力を入れました。また、鉱山の開発をはじめとして商工業を発展させ、後世の人に「ボヘミアの父」と評価されています。なお、カレル1世が死去すると後継者がいなかったため、1378年にルクセンブルク朝は断絶しました。

ネマーニャ王の統一

8世紀ころ、セルビア王国は東ローマ帝国の支配下にありました。しかし、12世紀の半《なか》ばから十字軍遠征などにより東ローマ帝国が混乱すると、ステファン・ネマーニャ王が周辺の民族をまとめあげ、ボスニアを除くバルカン半島の南部一帯を統一します。1

168年、セルビア王国は再興され、ここからネマーニャ朝がはじまります。ネマーニャ朝は、ステファン・ウロシュ3世の時代だった1330年に、東ローマ帝国と第2ブルガリア帝国の軍を破り、独立国としての立場を固めました。

1331年に即位したステファン・ドゥシャンは、戦争で領土を広げるだけでなく、有力貴族の議会をつくったり、法典を整備したりしました。さらにドゥシャンは、東ローマ帝国や、新たに台頭してきたトルコ系のイスラム教国であるオスマン帝国を退け、1346年に「セルビア人・ギリシャ人の帝王」であると宣言し、セルビア王国の全盛期を築きました。

ところが、ドゥシャンが1355年に急死して、国をまとめる人物がいなくなると、セルビアはあっという間《ま》に分裂しました。さらに、オスマン帝国が東ローマ帝国と同盟を結んで、攻め込みはじめます。

1371年、セルビアはバルカン半島の領主たちとともにオスマン帝国と戦いますが、大敗しました。さらに1389年、セルビアはコソボの戦いでふたたびオスマン帝国に敗れます。この敗戦によって、ドナウ川以南はほぼオスマン帝国の支配下となり、セルビアは独立国でなくなりました。セルビア人にとって、この敗戦は過去最大の屈辱《くつじょく》とされます。

ワラキアとモルダビアからはじまった

現在のルーマニアの国土は、14世紀ごろから南部のワラキア、東部のモルダビア、中央部から北部のトランシルバニア（「森の彼方《かなた》の地方」という意味）の、大きく3つの地域に分かれていました。さらに、モルダビアの東はベッサラビアと呼ばれており、ルーマニア人が暮らしていました。

12世紀になると、トランシルバニアには、9世紀に建国したハンガリーが進出してきました。この地域には銀鉱山があるうえ交通路が発達していたため、ドイツ人も積極的に進出します。ハンガリー人やドイツ人によってこの地域の経済は発展し、12世紀からはハンガリーの支配下に入りました。ただし、ルーマニア人には権力が認められず活躍の場がありませんでした。

ルーマニアでは、14世紀になって、ようやく国づくりがはじまります。ルーマニア人の有力者バサラブは、１３３０年にポサダの戦いでハンガリーの勢力を退《しりぞ》け、ワラキア公国の独立を勝ちとりました。その息子ニコライ・アレクサンドロは、ブルガリアやセルビア、さらにハンガリーの王室とも友好的な関係を築きます。しかし、みずからに権力を集めようとしたところ、有力者に反対されて失敗しました。

ワラキア公国の独立とほぼ同じ14世紀中ころ、ルーマニア人の別の一派がハンガリー軍と戦って勝利し、モルダビア公国を建国します。この国でも、有力貴族が王と対立しましたが、15世紀にシュテファン大公がポーランドと同盟を結び、１４６７年にハンガリーのマーチャーシュ１世をバイアで破ると、１４７５年にバスルイの戦いでオスマン帝国にも勝利し、ようやく国家体制が整いました。

13世紀には、ドイツ騎士団がやってきて、移住するドイツ人が増えました。この地域を発展させたいハンガリー王国は、ドイツ人に商業活動の自由などの特権を与えます。ドイツ人の発言力は大きくなっていき、15世紀にはマジャール人、ドイツ人、トランシルバニアに住むハンガリー系民族のセーケイ人が支配勢力として認められ、ルーマニア人の立場は弱くなってしまいました。

戦乱つづきのアルバニア

9世紀以降、東ローマ帝国やブルガリア帝国になんども支配されてきたアルバニアは、14世紀ころになるとセルビア王国の支配下に組み入れられます。このとき多くのアルバニア人は、セルビア人を嫌《きら》ってバルカン半島の南方（現在のギリシャ）に移住しました。

その後セルビアがオスマン帝国の進出などで弱体化すると、次はオスマン帝国の支配下に置かれます。こうした支配を受けながらも、アルバニア人は独立をあきらめていませんでした。1443年から1468年の間、北アルバニアの豪族《ごうぞく》ギオン・カストリオトの息子スカンデルベグは軍を率い、オスマン帝国軍に勝利し、独立を回復します。

ところが、スカンデルベグが死去すると、オスマン帝国が攻め込んできて、ふたたび支配されます。

オスマン帝国は税金をきびしく取り立てたため、一部のアルバニア人は近隣の国に逃れ、国土は荒れ果てました。オスマン帝国の支配が長く続くうちに、アルバニアではイスラム教が広がります。

その後のバルト三国

ところで、北方はどうなっていたのでしょうか。13世紀になると、エストニアにもドイツ騎士団が進出しました。彼らが強制的にキリスト教を布教しようとしたため、エストニア人やラトビア人は抵抗します。13世紀の中ころ、エストニアに攻め込んできたデンマークがエストニアのタリンに拠点を建設します。14世紀になると、デンマークはこの地域の支配権をドイツ騎士団に譲り渡したため、ドイツ人が多く入ってきました。

リトアニアでは、攻め込んできたドイツ騎士団との戦いに勝利したミンダウガス大公が、１２３６年にリトアニア公国を統一しました。その後、ドイツ騎士団がふたたび進攻し、国内は混乱しますが、14世紀に入ってゲディミナス大公によって再統一されました。ゲディミナスはヴィルニュスに都を建設し、東南方のウクライナにも進出します。

ゲディミナスの死後、息子アルギルダスとケイストゥティスは、それぞれ南方ウクライナ地方への領土拡大とドイツ騎士団への軍事的な対応を担当し、国の安定に努《つと》めました。アルギルダスの死後、息子ヨガイラはケイストゥティスを暗殺し、実権を握《にぎ》ります。

この時代のリトアニアの領土は、北方はバルト海から、南方は黒海、クリミア半島にまでおよびました。その後、1386年にヨガイラがポーランドの女王ヤドヴィガと結婚して、リトアニアとポーランドは同君連合国になります。

1410年、リトアニア・ポーランド連合軍はタンネンベルク（グリュンバルト）の戦いでドイツ騎士団を破り、リトアニアは最盛期を迎えました。

モンゴル支配の終わり

最後にロシアに戻ります。15世紀の後半、モスクワ大公国に出たイワン3世は、トヴェーリ公国やカザン・ハン国などの国内の有力勢力を抑えて、中央集権化を進めます。

1480年、オカ川支流のウグラ川河畔で、ロシア軍とモンゴル軍とのにらみ合いが続き、結局モンゴル軍が引き上げたため、ロシアの勝利に終わりました（ウグラ川の対峙《たいじ》）。イワン3世は240年間にもおよんだ「タタールのくびき」からロシアを解放し、さらにリトアニアやノヴゴロドなど西方の有力者とも戦って、全ロシアを統一しました。

以降ロシアは、東欧の国ぐにに大きな影響力を示していきます。

知れば知るほどおもしろい東欧の偉人①

「串刺し公」と呼ばれ恐れられた

ヴラド3世

Vlad III Ţepeș

1431～1476年

「吸血鬼ドラキュラ」のモデル

バルカン半島がオスマン帝国に脅《おびや》かされていた時代、ルーマニア南部のワラキア地方を治めました。内紛のため2度も王位を失うも実力で復位し、オスマン帝国の侵《しん》略《りゃく》を退けます。殺した敵《てき》を杭《くい》に刺してさらしたので「串刺《くしざ》し公（ツェペシュ）」と恐れられましたが、こうした残虐《ざんぎゃく》行為は近隣国の誇張《こちょう》という説もあり、ルーマニアでは異民族から祖国《そこく》を守った英雄です。

ワラキア公の一族はドラクレシュティ家といい、19世紀にイギリスの作家ブラム・ストーカーは、ヴラド3世をモデルに怪奇《かいき》小説の『吸血鬼《きゅうけつき》ドラキュラ』を執筆《しっぴつ》して、世界的に知られることになります。

ルーマニアではヴラド3世と残酷な吸血鬼のイメージを結びつけることを嫌う人が多いですが、19世紀のルーマニア王家が使ったブラン城は、「ドラキュラの聖地」として人気の観光名所になっています。

chapter 2

宗教戦争の時代

モスクワは第3のローマ

15世紀の東欧は混沌《こんとん》としていました。まず、北部における状況からみていきましょう。14世紀の後半に同一の君主が統治する国（同君連合）となったポーランドとリトアニアは、リヴォニア地方で活動するドイツ騎士団と戦いました。1410年のタンネンベルクの戦い、1454年から1466年まで続いた十三年戦争において、ポーランドとリトアニアはドイツ騎士団を破ります。

一方、南のバルカン半島ではオスマン帝国が勢力を拡大し、1453年にコンスタンティノープルを征服《せいふく》して東ローマ帝国を滅ぼします。

東ローマ帝国なきあと、東方正教圏の中心的な大国になったのがロシアです。モンゴル人の支配を脱《だつ》したイワン3世は、周辺の公国を統一してツァーリ（皇帝）を名乗りました。さらに、東ローマ帝国の最後の皇帝コンスタンティノス11世の姪《めい》と結婚し、東ローマ帝国を引き継いだと宣言します。

このため、ロシアの首都モスクワは、コンスタンティノープル（第2のローマ）に続く「第3のローマ」と称《しょう》するようになります。

ハンガリーが大繁栄

東ローマ帝国に続き、ワラキアやセルビア、ハンガリーなどもオスマン帝国の侵攻を受けます。トランシルバニア地方ではフニャディ・ヤーノシュが抵抗しました。彼は1440年代から1450年代にかけて、オスマン帝国との戦闘でなんどか勝利した功績により、トランシルバニア侯の称号《しょうごう》を得て、ハンガリー国王の摂政《せっしょう》となりました。

ヤーノシュの死後、次男のマーチャーシュは、内紛を経てハンガリー国王となりました。父親の活躍でオスマン帝国の勢力は弱まっており、マーチャーシュは大貴族の権力を規制《きせい》して中小貴族の支持を集めます。

15世紀後半の在位期間中、マーチャーシュはボヘミアやオーストリアへと軍を進め、シレジアなどの領土を獲得しました。1476年にはナポリの王女を妃《きさき》に迎え、イタリアのルネサンス文化をハンガリーにもたらしました。

マーチャーシュは、イタリアの文化人をブダに招いて交流し、首都のペシュトにキリ

15世紀の東欧

スト教の学者たちの著作を集めたコルビナ文庫（図書館）を設立しました。この時期のハンガリーは、東欧でもっとも栄えたのです。

きっかけは、フス

このころ、カトリック教会は多くの領地を支配し、権威的な態度を取っていましたが、こうした状況を批判する「宗教改革」がヨーロッパ各地で見られるようになります。

その先駆《せんく》者《しゃ》が、ボヘミアの神学者《しんがくしゃ》ヤン・フスでした。プラハ大学で学んだフスは、14世紀にイギリスのウィクリフが行った教会改革の影響を受け、貴族のような生活をしている聖職者に対し、禁欲《きんよく》的な精神に立ち返れと主張します。

さらにフスは、庶民《しょみん》への布教のために聖書をチェコ語に翻訳《ほんやく》しました。当時、キリスト教会では、ラテン語で布教しなければならないというルールがあったため、フスはローマ教皇によって破門され、1415年に処刑されました。

フスはボヘミアにおいて民族的英雄であり、フス派と呼ばれる多くの支持者がいました。フスの処刑《しょけい》に怒ったフス派の人びとは、かねがね抱いていた反ドイツ人感情もあいまって、1419年に決起《けっき》し、市庁舎などを襲《おそ》いました。

その勢いは止まらず、ハンガリーやポーランドなど周辺の国ぐにへと広がり、フス戦争と呼ばれるほどに

なりました。

この戦争では、貴族や有力諸侯が、国王や教会の領地を奪って大領主化していきました。ボヘミアとモラヴィアの土地の9割近くが彼らのものになったといわれます。宗教的な対立からはじまった戦争は、土地の奪い合いへと発展したのです。こうして、キリスト教の権威は低下していきました。

やがてフス派は分裂し、戦争は1436年に終結します。直後に新国王になったジギスムントは、土地の所有者が変更されたことを認めたため、貴族たちに歓迎されました。

摂政イジーの憂鬱

ところが、ジギスムントが即位の翌年に死去し、新国王となったアルブレヒトも2年足らずで死去します。その子ラディスラウスが後を継ぎますが、幼少であったことから、フス派の貴族が摂政《せっしょう》を務《つと》めることになりました。しかし、カトリックとフス派、さらにフス派内部での対立が続いたため、ボヘミアの国内は不安定な状態となります。

1458年、ボヘミアの政治を動かしていた摂政のイジーが、選挙によってボヘミア王に選出されました。大領主の子として生まれたイジーは、王家との血のつながりが一切なく、フス派とカトリックの関係の修復《しゅうふく》をめざします。

しかし両派の対立がはげしく、成果をあげられなかったイジーは、キリスト教徒にとって共通の敵であるオスマン帝国を攻撃しようと国内外で呼びかけました。ところが、周辺の国ぐにの王や貴族たちに支持されず、構想だけに終わりました。

1468年には、ボヘミア王イジーとハンガリー王マーチャーシュとの戦争が起こります。マーチャーシュはイジーの娘婿《むすめむこ》でしたが、カトリック貴族に擁立《ようりつ》されてボヘミア王となり、イジーとはげしく対立しました。戦争中の1471年、イジーは急死します。

その後、ヤギェウォ朝ポーランド王カジミェシュ4世の

そのころ、日本では？

浄土真宗本願寺派《じょうどしんしゅうほんがんじ》第8世宗主の蓮如《れんにょ》は、延暦寺《えんりやくじ》が攻撃されて京にいられなくなったため、1471（文明3）年に越前国《えちぜんこく》（現在の福井県《ふくいけん》）に吉崎御坊《よしざきごぼう》を建てました。この地で熱心に布教したことで、浄土真宗本願寺派は復興。戦国時代には大名たちに恐れられるほどの勢力となります。

息子ブワディスワフ（即位後、ボヘミア王としてはブワディスワフ2世、ハンガリー王としてはウラースロー2世）がボヘミアとハンガリーの王を兼任することになりました。

ボヘミアやハンガリーの貴族にとっては王を選ぶ際の混乱を避けることができ、ブワディスワフ2世にとっては戦争によらず広大な領土を支配できるため、双方にメリットがあったのです。

ブワディスワフ2世は、ボヘミア王としてマーチャーシュとの和解交渉《わかいこうしょう》にのぞみ、1479年に協定を結んで戦争を終わらせます。さらに1485年には、ボヘミアで続いていたフス派とカトリックの宗教対立も終わらせました。

3分割されたハンガリー

ブワディスワフ2世が1516年に死去すると、子のラヨシュ2世が10歳で後を継ぎますが、若《わか》すぎたことから国内の統治《とうち》がうまくいきませんでした。

ちょうどそのころ、名君と呼ばれたスレイマン1世によってオスマン帝国が勢力を盛り返し、ふたたび東欧へと侵攻をはじめます。1526年、モハーチの戦いでハンガリ

3分割期のハンガリー

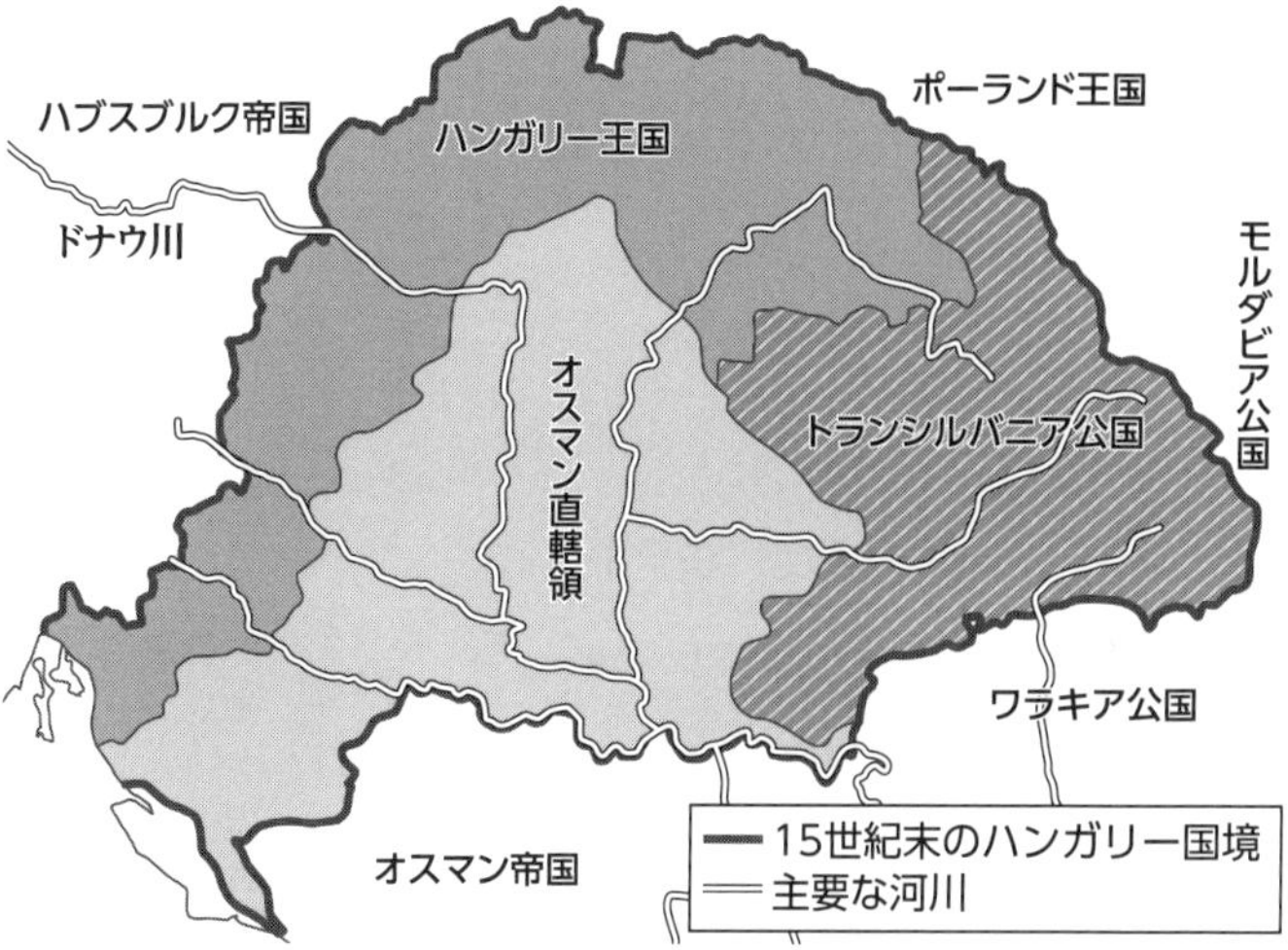

ーは決定的な敗北を喫《きっ》し、ラヨシュ2世も戦死しました。

ハンガリーの王位は、選挙の結果、中小貴族に支持されたトランシルバニア出身のサーポヤイ・ヤーノシュに引き継がれることになりました。

ところが、弱体化したハンガリーと支配者のいなくなったボヘミアを狙って、神聖ローマ皇帝でありハプスブルク家の当主でもあるカール5世が口を挟みました。

カール5世は、ハンガリーとボヘミアの貴族たちに対してオスマン帝国の脅威を説《と》き、弟のオーストリア大公フエルディナントを送り込みます。こうして、ハンガリーの北部から西部にもうひとつのハンガリー（王領ハンガリー）が誕生しました。

一方、モハーチの戦いでハンガリーを倒《たお》したスレイマン1世は、サーポヤイを守ることを約束し、カール5世の本拠地であるウィーンまで遠征しました（第一次ウィーン包囲）。なお、この戦いでは、カール5世がからくもウィーンを守り抜いています。

1540年、サーポヤイが死去すると、子のヤーノシュ・ジグモンドがトランシルバニア公を継承しました。スレイマン1世はヤーノシュを助けて、フェルディナントと戦います。翌年、オスマン帝国は軍事遠征する方針から転換し、占領地に軍を駐屯《ちゅうとん》させることにしました。

ハンガリーの中央部はオスマン帝国領となり、ヤーノシュのいた東ハンガリー、つまりトランシルバニアは公国となりました。こうして、ハンガリーは3分割されたのです。

ボヘミアからはじまった戦争

ハンガリーの分割と同時期、ドイツ人のルターやスイス人のカルヴァンがカトリック教会を批判し、多くの支持者を集めます。支持者は新教徒（プロテスタント）と呼ばれました。トランシルバニアは、宗派の対立のためオーストリア周辺からのがれてきた新教徒を受け入れ、信教の自由を公認します。

一方、ボヘミアでは16世紀になってもドイツ人に対する反感《はんかん》は消えず、ヤン・フスを信奉する人びとの怒りはむしろ再燃《さいねん》していました。ハンガリー王とボヘミア王を兼ねるハプスブルク家のフェルディナント1世は、親ドイツ的な勢力やカトリックを守るために組織されたイエズス会を使って、自分たちに敵対する人びとを弾圧《だんあつ》します。フェルディナント1世のあとも、ハプスブルク家からボヘミア王が選ばれて同じ方針をとり、チェコ人や新教派は不満を募《つの》らせていきます。

そして1618年、ボヘミアの首都プラハで、カトリックを強制するハプスブルク家に反発する新教徒が、国王参事官《さんじかん》をプラハ城の窓から投げ落とす事件が起こ

りました。これをきっかけに、各国を巻き込んで新教徒とカトリックの大戦争が起こります。

新教派の中心人物がドイツの有力諸侯ファルツ伯だったため、当初はボヘミア・ファルツ戦争と呼ばれました。しかし、かねてよりハプスブルク家と敵対するフランスや、新教国のデンマーク、スウェーデンなどが次々と参戦して、戦争は30年間も続きます。このため、「三十年戦争」という名が定着《ていちゃく》します。

戦争中、カトリック教会の支持者はボヘミアの新教徒の貴族から土地を奪い、チェコ語の書物を焼《や》き捨《す》てました。ボヘミアの文化は衰え、戦後にプラハ大学ではドイツ語が公用語とされます。多くの新教徒はハプスブルク家によって処刑《しょけい》されたり、国外に逃亡したりしたため、ボヘミアの人口は戦前の約３００万人から、終戦後の１６４８年には約80万人に減少します。残った人口の大半はカトリック信徒でした。

もっとも、多くの勢力を敵にしたハプスブルク家は、神聖ローマ帝国内での影響力がすっかり衰えます。終戦後の１６４８年に結ばれたウェストファリア条約によって、帝国内の新教徒にも信仰の自由が認められました。

ロシアが攻めてきた！

ハンガリーやチェコで戦乱が続く一方、東欧北部ではロシアが強大化します。16世紀の中期、ロシア皇帝イワン4世は政治を貴族に任《まか》せずみずから主導し、モンゴル人が支配していた南方のカザン・ハン国とアストラハン・ハン国を征服しました。そして1558年にはバルト海への進出をはかり、リヴォニア地方に侵攻します。

このリヴォニア戦争では、まずリヴォニア騎士団領がロシアに征服されました。このあとロシアに抵抗したのは、かつてリヴォニア騎士団との戦いにおいて協力したポーランドとリトアニアでした。

じつはポーランドとリトアニアは、領土をめぐってしばしば対立していましたが、ロシアと戦うため、1569年にルブリンの合同条約を結び、ふたたび同君連合国家となりました。14世紀に両国はともにウクライナ地方まで領土を広げており、バルト海から黒海にいたる広大な国となっていたのです。

条約において、国王や議員は選挙で選ばれることになり、それまで貴族が支配する国だったリトアニアの政治体制は大きく転換しました。リトアニア人はポーランドの政治や文化に慣れ親しみ、民族としての意識は薄《うす》らいでいきます。

ポーランドとリトアニアは断続的にロシアと戦い、25年の歳月《さいげつ》をかけて領土を守り抜きました。なお、リヴォニア騎士団の領土は、戦後にリトアニア、ポーランドのほか、ともにロシアと戦った北欧のスウェーデンなどによって分割されます。

イワン4世の侵攻が失敗した理由は、ポーランドが強大な軍事力をもって抵抗したことと、ロシア国内の反対の声

でした。戦争を続けるために兵をかき集めようと徴兵《ちょうへい》をしたことで、貴族をはじめ有力者は反発し、ロシア社会は混乱に陥《おちい》ったのです。１５８３年にロシアとポーランドは和解しますが、イワン４世はポーランドの軍事力を恐れるようになりました。

国王も議会に逆らえない

ポーランド軍の強さを支えたのは、シュラフタと呼ばれる騎士や貴族たちでした。彼らは国王や地方領主に仕えて働き、税の免除《めんじょ》などの特権を持っていました。ポーランド貴族の議会（セイム）では、16世紀になると、シュラフタの同意なしに国王が法律を制定できない制度ができます。この政治体制を「シュラフタ民主政」といいます。

さらに16世紀後半には、マグナートという新興の富裕層が台頭《たいとう》します。マグナートたちは、バルト海周辺でのドイツ商人との交易で穀物《こくもつ》を売ってもうけて、貴族のような身分になって政界に進出し、議会の多数派を占めるようになりました。

強い力を持つシュラフタやマグナートはたびたび国王と敵対したので、議会で王が選出されないこともあり、ポーランドの統治機構はくずれていきます。

ロシアとポーランドが激突

ポーランドが衰退するなか、リヴォニア地方を狙うスウェーデンが攻めてくるなど、周囲の国ぐにとの戦争が続いた結果、ますます国力が低下していきます。

ポーランドの東方のウクライナには、ロシア皇帝や貴族に従わない「コサック」という農民の集団がいました。1648年、ポーランドがコサックの土地を没収《ぼっしゅう》すると、コサック指導者のフメリニツキーが大反乱を起こしました。フメリニツキーは一度敗れたものの、ロシアに助けを求め、1654年にウクライナの自治権を得ます。

こうしてロシアとポーランドの戦争が始まりますが、こんどはスウェーデンが侵攻を開始したため、1656年にポーランドとロシアは講和条約を結んで対抗します。最終的に、ポーランドとロシアはスウェーデンを追い返しました。

この間、ポーランドはスウェーデンと同盟したブランデンブルク・プロイセン（ドイツ騎士団領から改称）とも戦っており、1657年にブランデンブルク・プロイセンがポーランドから独立しました。

1667年の東欧

状況を打開するため、ポーランド王室は王権や軍事力の強化を図ろうとしますが、シュラフタが反対したため実現できず、国王が不在《ふざい》の期間がありました。さらに、マグナートが内輪《うちわ》もめを起こし、国内の混乱は続きます。

ポーランドはその後もロシアやスウェーデンと戦いつづけました。

最終的に1667年、ポーランドはロシアと和平条約を結び、ウクライナの西側を獲得しました。

大洪水の時代

その後ポーランドは、オスマン帝国

とも戦います。1683年、オスマン帝国の大軍がウィーンを攻めると(第2次ウィーン包囲)、ハプスブルク家は周辺国に協力を呼びかけました。

ポーランドはキリスト教国のよしみもあり、この呼びかけに応《おう》じます。ポーランド王ソビエスキが率いたキリスト教連合軍の奮闘《ふんとう》もあって、オスマン帝国軍をなんとか撤退《てったい》させました。

ただし、ポーランドは何も得られず、16世紀から17世紀にかけて踏《ふ》んだり蹴《け》ったりな時代になりました。とくに17世紀半ば以降はポーランド本土が戦場になり、国民の生活も悲惨《ひさん》を極《きわ》めました。このため、ポーランド史ではこの時代を「大洪水《だいこうずい》」といいます。

なお、同君連合であったリトアニアもポーランドと同様に勢力が衰えていきました。

そのころ、日本では?

1683(天和《てんな》2)年、江戸で大きな火事がありました(天和の大火《たいか》)。この大火は、「お七《しち》火事」とも呼ばれています。その後、避難先で出会った寺小姓と恋仲になった八百屋の娘のお七が、もういちど火災が発生すれば恋人に会えると思って放火事件を起こし、処刑されたためです。

トランシルバニアの抵抗

ハプスブルク家と戦うオスマン帝国の支配下で、ドナウ川の北に位置する現在のルーマニアの位置には、モルダビア公国、ワラキア公国、トランシルバニア公国がありましたが、この地域は自治が許《ゆる》されていました。

なかでも内陸のトランシルバニアは、カルパチア山脈に囲まれて外から攻めにくく、鉱業はさかんでしたが農業は低調で、ワラキアやモルダビアに比べて納税額が少なく、自由に外交を行うことが認められていました。

1593年にワラキア公になったミハイは、オスマン帝国とハプスブルク家の対立を利用して勢力を維持《いじ》します。そして、トランシルバニアとモルダビアを併合し、1600年に3公国を統一しました。

とはいえ、3公国は同じルーマニア語を使いつつも独立志向が強く、統一からわずか1年でミハイが死去するとまた分裂します。

1604年、トランシルバニアはオスマン帝国の支配から解放されました。さらに、トランシルバニアを治めるハンガリー貴族のベトレンが、ハンガリー王国の統一をめざして挙兵《きょへい》します。

ところが、ハンガリーを支配する神聖ローマ皇帝フェルディナント2世がオーストリア軍を率いて反撃し、ベトレンの夢はついえました。

17世紀の後半にも、トランシルバニア公がポーランドの王位を狙って遠征しますが、失敗に終わります。戦乱が続くなか、トランシルバニアはオスマン帝国を味方につけようとしますが、そのため内政にも介入され、オスマン帝国の支配下となってしまいます。

カルロヴィッツ条約

そのころ、オーストリアの支配下にあるハンガリー王国では、ハプスブルク家によって国民にカトリックが強制されていました。大貴族は従ったものの、ハプスブルク家の支配を嫌う中小貴族は反ハプスブルク同盟を結成します。

1678年、反ハプスブルク同盟軍はオスマン帝国の支援を得て、立ち上がりました。ハンガリーが混乱するなか、先に紹介したようにオスマン帝国は、第二次ウィーン包囲

17世紀末の東欧

を行ったのです。

なお、勢力を強めるオスマン帝国に対抗するため、ローマ教皇の呼びかけで、オーストリア、ポーランド、ヴェネツィアは、1684年に同盟を結びます（神聖同盟）。

オスマン帝国がポーランドに敗れて撤退したことで、ハンガリーやトランシルバニアは、1699年のカルロヴィッツ条約によってオーストリア、つまりハプスブルク家の支配下に入ることになりました。

そして、17世紀末にはボヘミア、ハンガリー、トランシルバニアなど東欧の北部から中央部は、ハプスブルク家のものになったのです。

ひみつコラム

東欧の国旗❶北部の国ぐに

愛国者のシンボルとなったカラーリング

チェコの国旗は赤・白・青の３色からなり、この組み合わせは汎《はん》スラブ色と呼ばれ、東欧の多くのスラブ系国家にみられます。とくに赤と白はチェコのボヘミア地方、青はモラヴィア地方のシンボルカラーです。隣のスロバキアも同じ配色で、左側に族長十字《ぞくちょうじゅうじ》と呼ばれるキリスト教の紋章《もんしょう》が掲《かか》げられています。

一方、スラブ系ではなくアジアにルーツを持つハンガリーは、赤・白・緑の三色旗で、それぞれに愛国者の血、純潔《じゅんけつ》と平和、希望を表しています。ポーランドは白と赤を上下に並べた二色旗で、それぞれに歓喜《かんき》と純潔、独立のため流された血を象徴しています。隣国のウクライナは青と黄色の二色旗で、空と小麦畑を示しています。実際に、ヨーロッパ屈指《くっし》の小麦の輸出量を誇《ほこ》ります。２０２２年２月にロシアがウクライナに侵攻して以降、各所で国旗の２色を掲げる愛国者が増えました。

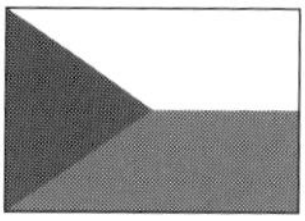
チェコ

スロバキア

ハンガリー

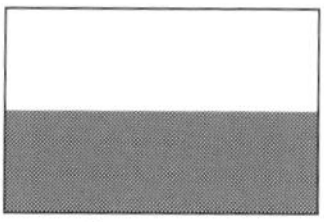
ポーランド

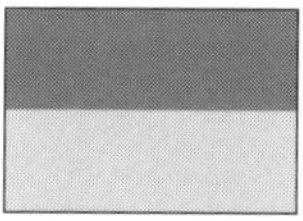
ウクライナ

ベラルーシ

ラトビア

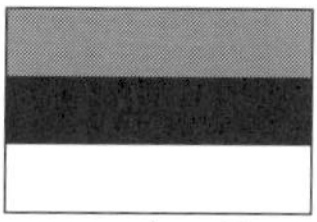
エストニア

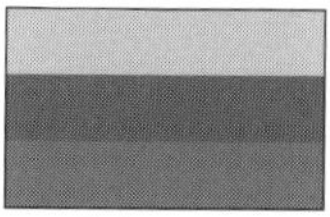
リトアニア

ベラルーシの国旗は赤と緑の2色からなり、国民の血と自然が豊かな国土を示しています。左端は赤と白の2色で、伝統的な民族衣装に使われる模様が記されています。

あざやかな赤を使う国旗が多いなか、ラトビアは暗い赤と白の組み合わせで、暗い赤は独立維持のため血を流す覚悟《かくご》を、白は国民の誠実《せいじつ》さとバルト海を象徴します。

エストニアは青・黒・白の三色旗で、青は希望と団結、黒は大地と過去の暗黒時代の記憶、白は自由への願望を表しています。

これに対し、隣のリトアニアは黄・赤・緑とまったく異なる組み合わせの三色旗でそれぞれに黄色は自由と小麦、緑は希望と森林、赤は愛国者の勇気を象徴しています。

知れば知るほどおもしろい東欧の偉人❷

コサック軍団を率いた英雄

サハイダーチヌイ

Petro Konaševyč-Sahajdačnyj

1570 ～ 1622 年

荒れ果てたキエフを再建

16世紀から17世紀のウクライナ・コサックの指導者のなかでも、とりわけ尊敬されているのがサハイダーチヌイです。ウクライナ西部のガリツィア地方を治める貴族として生まれ、コサックの大長官となります。

1616年にクリミア半島にあったオスマン帝国の拠点を攻撃してキリスト教徒の奴隷《どれい》を救《すく》い出し、1621年にはポーランド軍のもと、ドニエストル川に面したホチム（ホティン）の戦いでオスマン帝国軍に大勝利しました。

ウクライナの首都キエフは当時、15世紀に起こったクリミア・タタール人との戦闘で荒れ果てていましたが、サハイダーチヌイは都市を再建して多くの教会を築き、東方正教の聖職者を招きます。ウクライナ・コサックは、まとまりのない集団でしたが、サハイダーチヌイの働《はたら》きによって規律ある組織となり、東方正教の文化を中心に民族としての団結心を高めました。

chapter 3

支配される東欧

富国強兵

三十年戦争のあと、大国が東欧の国ぐにをおびやかす傾向がますます強まります。17世紀に入ると、各国の王は諸侯に対する権力を強め、国王直属の軍隊（常備軍《じょうびぐん》）を整備し、軍の維持費を得るため商工業と貿易に力を入れます（重商主義《じゅうしょうしゅぎ》）。こうした政策を補佐《ほさ》する官僚制度《かんりょうせいど》も整備され、国王を中心とする絶対主義体制が成立します。

東欧の近隣《きんりん》では、1682年に即位したピョートルのもとで、ロシアが絶対王政を強化しました。ピョートルは国土の南に勢力圏を広げるため、オスマン帝国に戦争をしかけ、1696年に勝利すると、さらに黒海方面への進出をめざしました。

ロシアは一方でバルト海への進出もめざしますが、この地域では「バルト帝国」と呼ばれたスウェーデンが、強大な海軍を持っていました。そこで、ピョートルはみずからオランダやイギリスへの使節団にまぎれこみ、海軍の編成や造船の技術を学びました。1698年に帰国したピョートルは、2年間の準備を経て、1700年にスウェーデンとの戦争（大北方戦争）を開始します。

この戦いで、かつてロシアと敵対したポーランドは、スウェーデンに奪われていたリヴォニア地方を奪回《だっかい》するため、ロシアと同盟を結びます。

新たにバルト艦隊を整備したロシアは、1709年にポルタヴァの戦いでスウェーデン軍を破りました。なお、ロシアの支配下にあった東部ウクライナは、独立をめざしてスウェーデンと手を結んだものの、スウェーデンが敗れたため、夢を果たすことはできませんでした。

1721年にニスタット条約が結ばれ、勝利したロシアは西カレリア（フィンランドの東部）やリヴォニア、エストニアなどを獲得しました。

ピョートルは念願のバルト海に出る港湾都市として、サンクト・ペテルブルク（聖ペテロ）を築きます。

1721年の東欧北部

ポーランド継承戦争

さて、ウクライナ地方の西半分などをふくむ広大な領土を持っていたポーランドは、17世紀の末にはすっかり弱体化していました。大北方戦争のさなか、ポーランド王のアウグスト2世は国の強化をはかりますが、スウェーデンとロシアに挟まれて身動きがとれないまま、1733年に亡《な》くなりました。

フランス王ルイ15世は、義理の父にあたるポーランド貴族のスタニスワフを新国王につけようとします。スタニスワフがワルシャワで国王への就任を宣言したところ、ロシアがそれに反発しました。というのも、大北方戦争において、スタニスワフがスウェーデンを支援していたからです。

ロシアはフランスの影響力が強まるのを嫌うオーストリアと同盟を結び、アウグスト2世の子を立てました。

1735年、ポーランドの王位継承をめぐってロシア軍とフランス軍が戦い、ロシアが勝利します。ポーランド王となったアウグスト3世は、ロシアの言いなりであったため、ポーランドはロシアの属国《ぞっこく》のようになっていきます。

マリアの演説に感動!

ロシアがスウェーデンと戦っていた17世紀の末から、プロイセンが力をつけます。1701年、スペインの王位をめぐってフランス、スペインとイギリス、オーストリアなどが争い（スペイン継承戦争）、プロイセンはオーストリア（神聖ローマ帝国）に味方して戦いました。これにより王号の使用が認められ、プロイセン王国が成立します。

1740年、カール6世が死去するとハンガリーやボヘミアはオーストリアの支配下にあったことから、カール6世の娘のマリア・テレジアがオーストリア大公兼ハンガリー女王に即位しました。ところが、神聖ローマ帝国の領邦であったバイエルンやザクセ

オーストリア継承戦争時の関係

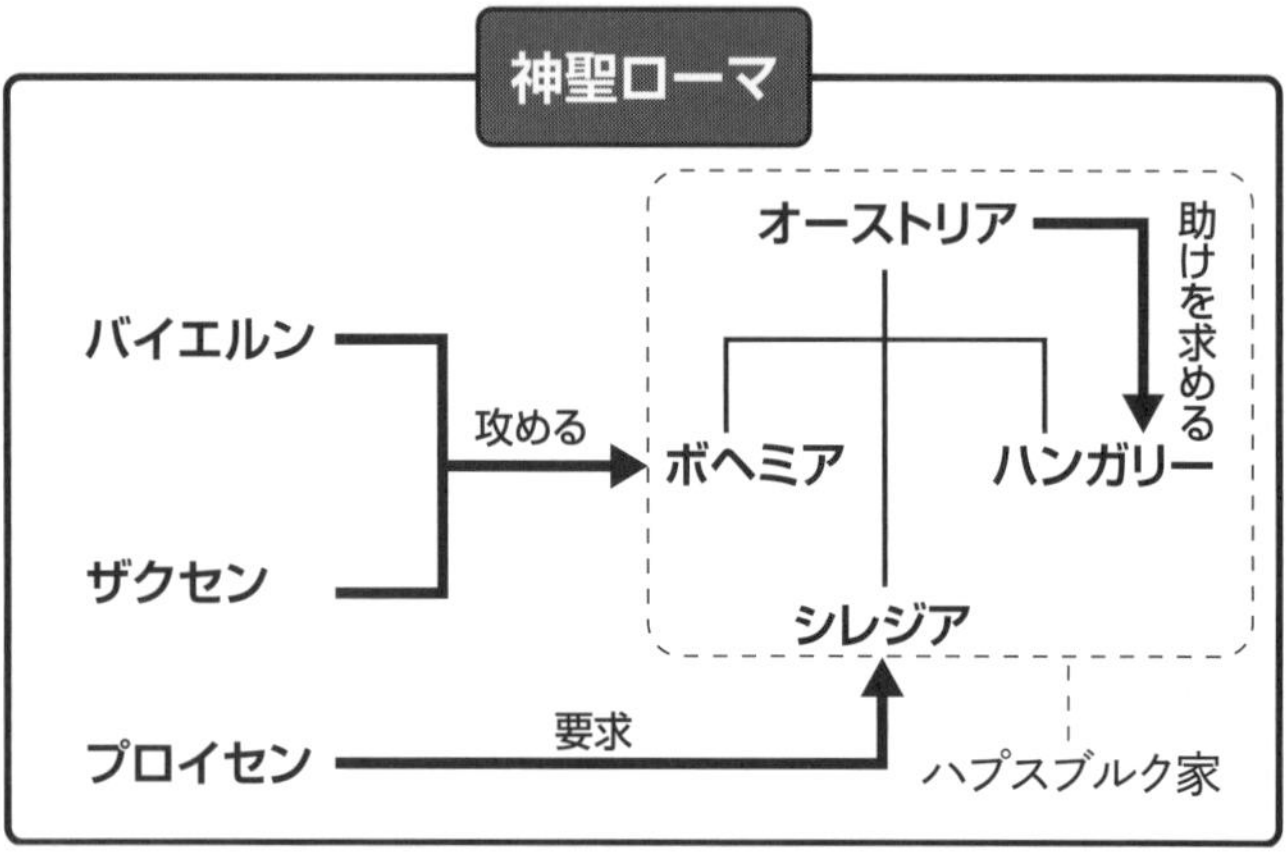

ンが即位を認めず、1740年にボヘミアへ攻め込みます（オーストリア継承戦争）。

一方、プロイセンのフリードリッヒ2世は、マリア・テレジアの即位を認める代わりに、オーストリア支配下にあったシレジアを要求します。プロイセンは、鉱産物《こうさんぶつ》が豊かで産業も発展していたシレジアを領土にしようと考えていました。

さらに、フランスやスペインもオーストリア領を狙って口を挟むようになったことで、窮地《きゅうち》に立たされたマリア・テレジアは、最後の手段としてハンガリーの貴族たちを頼ります。

ハンガリーの貴族にはハプスブルクを嫌

う者もいました。しかし、マリア・テレジアはまだ幼《おさな》い王子ヨーゼフを連れてハンガリーを訪れ、勇気あるハンガリー人に対して、自分たちを助けてほしいと訴《うった》えます。ハンガリーの貴族は心を打たれ、オーストリア支援のために立ち上がりました。

ボヘミアの奪い合い

バイエルン公のカール・アルブレヒトがボヘミアを攻めてプラハを占領し、ボヘミア王カレル3世・アルブレヒトとなりました。そして1742年2月、神聖ローマ皇帝カール7世として戴冠《たいかん》し、ハプスブルク家は神聖ローマの皇帝位を失います。

一方、ハンガリー軍の支援を得たオーストリア軍は、ザクセンなどを占領しますが、軍事力で上回るプロイセンには勝てませんでした。6月11日、オーストリアとプロイセンは条約を結び、シレジアはプロイセンに譲渡《じょうと》されることになりました。

その後も戦争は続き、マリア・テレジアはボヘミアを奪いかえします。1745年1月にカール7世が死去すると、マリア・テレジアの夫フランツ・シュテファン（フランツ1世）が神聖ローマ皇帝に選ばれ、オーストリアの権威は回復しました。それでもオーストリアはプロイセンに負けつづけ、この年の12月、オーストリアとプロイセンの講和条約により、シレジアは正式にプロイセン領となります。

その後もオーストリアは、シレジアを取り返すため、長く対立してきたフランスやロシアと結び（外交革命）、1756年からプロイセンと戦います（七年戦争）が、結局は取り戻すことはできませんでした。

エカチェリーナ2世が即位

オーストリアと同盟してプロイセンと戦ったロシアですが、1762年にエリザベータ女帝に続いて即位したピョートル3世は、プロイセンのフリードリッヒ2世を尊敬していたので、七年戦争の戦線を離れ、プロイセンと講和条約を結んでしまいました。

そのころ、日本では？

江戸時代の日本は外国との関係を制限していましたが、西洋文化に興味をもつ人もいました。科学者で戯作者《げさくしゃ》の平賀《ひらが》源内《げんない》は、七年戦争と同時期の18世紀半ば、長崎《ながさき》でオランダ医学やヨーロッパ式の油絵を学び、発電機（エレキテル）や石綿《いしわた》、寒暖計などをつくりました。

さらに、ピョートル3世はオーストリア攻撃を唱《とな》えます。この方針転換はロシアの貴族や軍人の反発を招きました。そこで、ピョートル3世と不仲《ふなか》だった皇后《こうごう》エカチェリーナが軍と共謀《きょうぼう》してクーデターを起こします。ピョートル3世に味方する者はなく、エカチェリーナ2世が即位すると、ピョートル3世は暗殺されました。

西欧との差は開くばかり

18世紀の半ばまで東欧の多くの国は戦争続きでした。一方、大西洋に面する西欧のスペイン、ポルトガルにはじまり、オランダ、イギリス、フランスなどは南北アメリカ大陸やアジアに領土と市場を広げ、毛織物などの繊維《せんい》産業、武器や機械、造船などの産業を発達させます。

西欧では、資本家（大商人や大地主などの出資者）が農民に機械や商品の材料を貸しつけて製品をつくらせる問屋制家内工業や、工場に人を集めて働かせる工業制手工業（マニュファクチャ）によって、世の中が工業中心に移り、人びとは農地に束縛《そくばく》されず移動の自由が認められます。

ところが、東欧の多くの地域の経済は、あい変わらず農業が中心でした。農民は土地に縛《しば》られて大地主や教会の下で重労働に従事し、西欧向けの穀物を栽培していました。

こうしたなか、オーストリアのマリア・テレジア、プロイセンのフリードリッヒ2世、ロシアのエカチェリーナ2世は、西欧に追いつくため、まず民衆を支配する教会の影響力を弱めることを考えます。そして、フランスを中心に広まっていた啓蒙《けいもう》思想を東欧に持ち込みました。

啓蒙思想とは、広く世界をみて学び、昔ながらの迷信《めいしん》を批判し、人びとにさまざまな自由を認めながら、社会をよくしていこうという考え方です。

一部の貴族は、啓蒙思想に共感して改革的な政策に協力します。しかし、教会を支持する人や、「農民は余計なことを考えず、言われたとおりに働けばいい」と考える保守

そのころ、日本では？

浮世絵《うきよえ》のなかでも多色で刷《す》られた木版画《もくはんが》を、とくに「錦絵《にしきえ》」といいます。1764（明和《めいわ》元）年ごろ、絵の入った暦《こよみ》（絵暦）の交換会が江戸で流行。より華美《かび》な絵暦が求められ、錦絵が誕生しました。以後、歌麿《うたまろ》や写楽《しゃらく》、北斎《ほくさい》など多くの有名浮世絵師が錦絵の傑作を発表しました。

的な人も少なくありませんでした。また、せっかくの改革的な政策も、学ぶ時間がなく、文字すら読めない農民たちには意図が十分に伝わりませんでした。

ポーランド危うし

エカチェリーナ2世が即位した翌年の1763年、ザクセン選帝侯（君主）で、ポーランド王でもあったアウグスト3世が死去しました。軍事力を高めていくことを考えたエカチェリーナ2世は、まずポーランドに対して協力を呼びかけていきます。

ポーランドでは、エカチェリーナ2世が送り込んだスタニスワフ・アウグスト・ポニャトフスキが、多くの貴族を味方につけて議会の主導権を握り、国王に選出されました。

ところが、即位後のスタニスワフはエカチ

エリーナ2世の期待を裏切《うらぎ》って、ロシアからの独立傾向を強めます。さらに、近隣の大国に対抗して国力を強化するため、教育制度を充実させたり、議会の権限を強める改革を進めたりしようとしました。

とはいえ、当時のポーランドの有力貴族たちは自分の利益を守ることに必死でまとまりがなく、徴兵制の実施など積極的な改革は困難でした。むしろ、ロシアの庇護《ひご》の下で、大地主としての特権を守るほうが賢明《けんめい》と考える者も少なくありませんでした。

そこで、ロシアは1767年にポーランド内で改革に反発する保守派の貴族や大地主を集めて、国王に反対する「ラドム連盟」を組織させて議会に圧力をかけます。

1768年には、ポーランド人がバール（現在のウクライナ西部）でロシアへの大規模な反乱を起こしました。この反乱はポーランド人による民族独立運動の先駆《さきが》けともいわれますが、カトリック信徒の貴族が中心で、多くの国民や東方正教徒の支持を集めることができず、ロシア軍に鎮圧されました。

反乱が失敗し、ポーランド内の反ロシア派が弱体化すると、エカチェリーナは本格的にポーランドの領土を奪い取ろうとします。

ポーランド分割

ポーランドがロシアの支配下で強大化するのは、七年戦争で国力をすり減らしたプロイセンにとって、大きな脅威でした。そこで、プロイセンのフリードリッヒ2世は、同じくロシアと対立するオーストリアとともにエカチェリーナ2世に圧力をかけ、ロシア、プロイセン、オーストリアによるポーランドの分割を持ちかけます。ポーランド国王スタニスワフ・アウグスト・ポニャトフスキは、やむなく要求に応じました。

1772年にロシアはリヴォニア地方、プロイセンは15世紀以来ポーランドに支配されていた王領プロイセン、オーストリアはポーランド南東部からウクライナにかけてガリツィア地方の一部を獲得しました。

第一次ポーランド分割

これを第一次ポーランド分割といいます。

以降もスタニスワフは、ロシアに服従することでどうにか国王の地位を維持しつつ、国力を強化するための改革を図ります。とはいえ、国王とロシアに反発するマグナートが多かったため、教育や司法・財政・軍備などの人材育成は進みませんでした。

バルカン半島をめぐって

18世紀のはじめ以降、オーストリアはオスマン帝国と戦い、バルカン半島で領土を拡大します。

黒海の北にはウクライナ・コサックが治めるヘーチマン国家がありましたが、1735年、オスマン帝国に服属《ふくぞく》するトルコ系のクリミア・ハン国が侵攻してきます。

この戦いに、クリミア・ハン国とオスマン帝国を敵視《てきし》していたロシアとオーストリアも参戦し、ロシアは黒海の北部にあるアゾフ海沿岸を支配しました。

ロシアは国力をたくわえ、1774年にドナウ川下流のドブロジャ地方での戦いでオスマン帝国軍に大勝し、黒海およびダーダネルス海峡・ボスポラス海峡を自由に通行する権利を得ます。さらに、エカチェリーナ2世は、1783年にはクリミア・ハン国を併合。続いて、クリミア半島も占領して軍港を築き、黒海艦隊を配置しました。オスマン帝国は1787年に反撃をしかけますが、またもロシアが勝利します。

1792年、ロシアとオスマン帝国の間でヤッシー条約が結ばれ、黒海の北岸はすべてロシアの領土となりました。以後の黒海沿岸はロシアのもとで急速に発展していきます。とりわけ、ロシアが築いた港湾都市オデッサは、現在ではウクライナの代表的な軍港、貿易港として知られています。

さらに19世紀に入ると、ロシアはバルカン半島北東部のベッサラビア（現在のモルドバ）を支配下に入れ、バルカン半島ではオーストリアとの対立も激化《げきか》します。オ

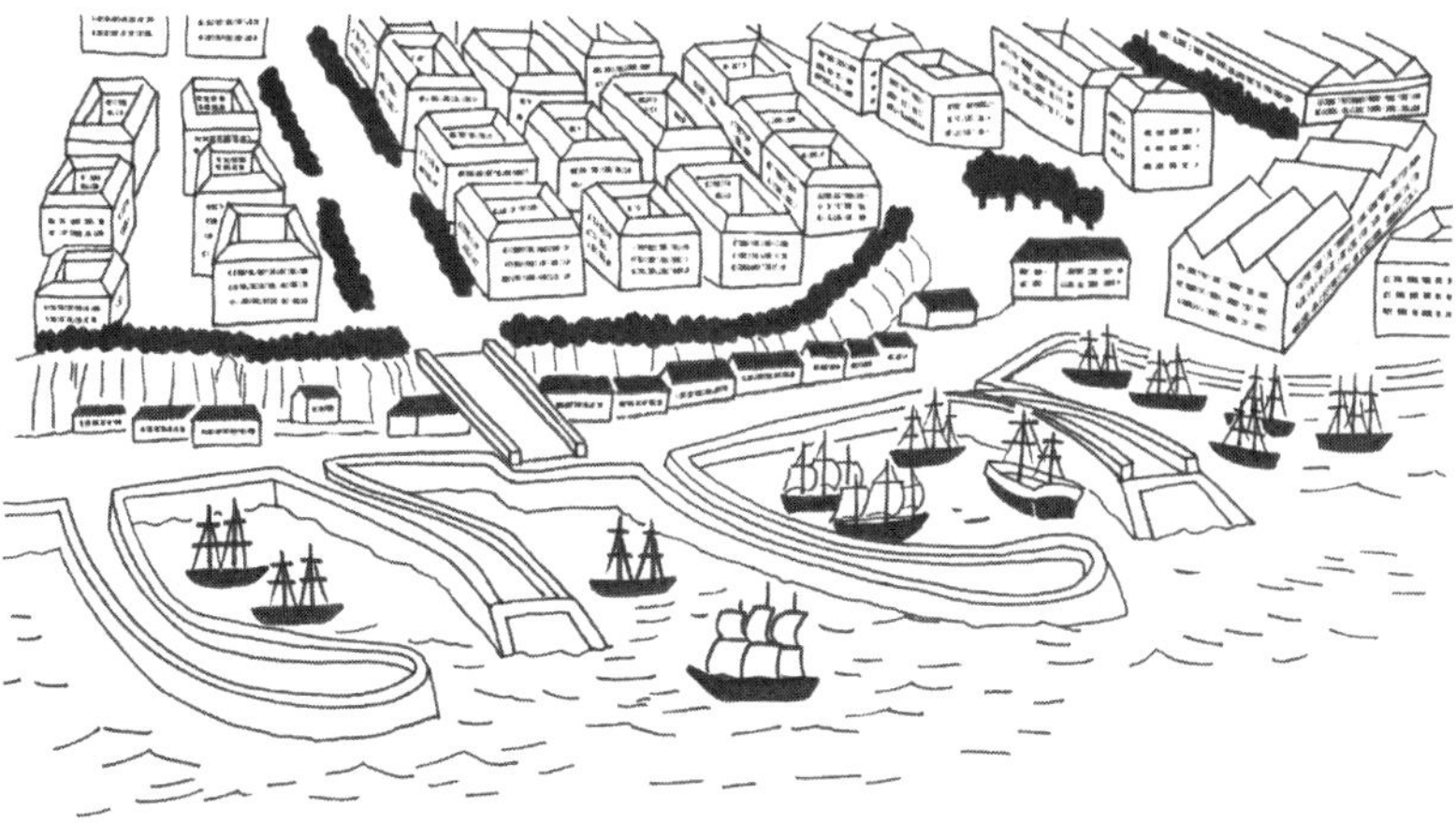

ーストリアはプロイセンと同盟を結ぼうとしましたが、プロイセンはロシアとの同盟関係を維持したため、協力を得られずにロシアの勢力拡大に対抗することになります。

ポーランドが消滅！

ポーランド国王スタニスワフは、オスマン帝国との戦争を進めるロシアに協力して、自国の強化を図ります。

このころ、ポーランド議会では、国王や教会の権力を制限して多くの人びとが政治に参加することを唱える貴族が増えていました。これは、西欧で広がっていた自由主義思想がポーランドにも入っていたことを示《しめ》しています。

1791年、ポーランドは5月3日憲法を制定します。その内容は、国王の権力の範囲を明文化する立憲君主制を取り入れ、都市民に参政権を与えるなど、画期的《かっきてき》なもので

そのころ、日本では？

18世紀末、ロシアは東アジアでも勢力を広げ、日本に接触《せっしょく》をはかりました。1792（寛政《かんせい》4）年、ロシアの女帝エカチェリーナ2世の使者として、海軍士官のラクスマンが、漂着《ひょうちゃく》した大黒屋光太夫《だいこくやこうだゆう》を日本に送り届け、幕府に貿易の交渉を持ちかけます。しかし、幕府は断りました。

した。

　この憲法が1789年に起こったフランス革命の影響を強く受けてつくられたものだったため、ポーランドから自国に革命の影響がおよぶことを恐れたロシアは、1793年にオーストリア抜《ぬ》きで、ロシアとプロイセンとでポーランドを分割する協定を結び、ポーランドの内政・外交権を手にしました（第二次ポーランド分割）。

　この間、憲法の停止を求めるロシアに対し、タデウシュ・コシューシコらの反ロシア派のポーランド人が抵抗して戦闘が起こります。ポーランド軍は果敢《かかん》に戦ったものの、最終的に敗れました。

　1795年には、ポーランドにわずかに残った領土は、ロシア、プロイセン、オーストリアによってすべて奪われ、スタニスワフが退位させられ、ついに国が完全に消滅してしまいます（第三次ポーランド分割）。

第三次ポーランド分割

ひみつコラム

東欧の国旗❷バルカンの国ぐに

共通の文化から生まれた配色と図案

ルーマニアの国旗は青・黄・赤の3色からなり、それぞれ空と黒海、穀物、独立のために流された血を象徴します。民族構成が同じである隣国のモルドバもカラーリングは同じで、中央に鷲のマークの国章を掲げています。

ブルガリアは独立を支援したロシアの国旗（白・青・赤）をモデルとしつつ、白・緑・赤の3色で、それぞれ平和と自由、農業と森林、国民の勇気を示しています。

セルビアの国旗はスラブ系国家に多い赤・青・白の組み合わせで、それぞれ民族の血、空、光を表し、左側に双頭《そうとう》の鷲を描いた国章があります。同じく旧ユーゴスラビア構成国だったクロアチアの国旗も配色は同様で、盾《たて》のマークの国章が描かれています。

スロベニアも配色は同じですが、上から白・青・赤の順に並び、山の頂《いただき》を描いた中世の国章を掲げています。モンテネグロの国旗も過去には同じ配色でしたが、現在は赤地

ルーマニア

モルドバ

ブルガリア

セルビア

クロアチア

スロベニア

モンテネグロ

アルバニア

ボスニア・
ヘルツェゴビナ

コソボ

北マケドニア

に双頭の鷲の国章を描いたものです。

アルバニアの国旗も赤地に双頭の鷲を描いたもので、これは民族的英雄スカンベルデグの一族の旗に由来します。

ボスニア・ヘルツェゴビナの国旗は青と黄の組み合わせで、青地と白い星の列は独立に協力したEU（欧州連合）の旗にあやかったものです。黄色は希望を、三角形は国土の形を表したものです。コソボの国旗も配色は同じで、中央に国土の形が描かれ、6つの星が国内に住む6つの民族を象徴しています。

北マケドニアの国旗は、古代マケドニア王国の紋章だった太陽のマークを簡略化したもので、地色の赤は自由への戦い、黄の線は生命力と歓喜を示しています。

知れば知るほどおもしろい東欧の偉人❸

亡命ポーランド人を守った名将

タデウシュ・コシューシコ

Tadeusz Kościuszko

1746 ～ 1817 年

祖国を離れアメリカでも活躍

1775年に起こったアメリカ独立戦争では、ヨーロッパ各国から義勇兵《ぎゆうへい》が集まりました。ポーランドの熱烈《ねつれつ》な愛国者だったコシューシコもそのひとりです。

リトアニア系の貴族として生まれ、青年期はフランスに留学して自由主義思想の影響を受けます。アメリカ独立宣言が発《はっ》せられると、その精神に共感して初代大統領ワシントンの副官を務めました。

1783年にアメリカが独立すると帰国し、ポーランド・リトアニア議会の議員となります。ロシア、プロイセン、オーストリアの3国によるポーランドの分割に強く抵抗しました。1792年と1794年の2度にわたり、農民兵を率いてロシア軍と戦って大きな戦果を挙《あ》げるも、最終的には敗れて捕虜《ほりょ》になります。釈放《しゃくほう》後はアメリカに亡命し、同じく国外に逃《のが》れた多くのポーランド人を支え、晩年はスイスで過ごしました。

chapter 4

独立への道

フランス革命とナポレオン

ポーランドが分割されて消滅し、黒海周辺でロシアがオスマン帝国に対して優勢となった18世紀末、西欧で大きなできごとがありました。

1789年、フランスのパリで重税に苦しむ民衆がバスティーユ牢獄《ろうごく》を襲撃し、その後、王政が倒されて国王ルイ16世が国民公会の議決により処刑されます(フランス革命)。イギリスやプロイセンなど大国の指導者は、自国にも革命が広がることを恐れて、革命後のフランスの新政権に戦争をしかけます。フランスでは国民軍が組織され、その指揮官となったナポレオンは各国の軍隊を破り、1804年の国民投票で皇帝となったのです。

フランスで王侯貴族ではなく国民が主体の国家が成立し、さまざまな国ぐにとの戦い(ナポレオン戦争)は東欧にもおよびました。プロイセン、オーストリア、ロシアなどに支配されていた東欧の人びとはこれに影響を受け、民族の団結や独立を考えるようになります。

ポーランドが復活？

ナポレオン率いるフランス軍はプロイセン、オーストリア、ロシアとも戦争をはじめます。それら3カ国によって分割されていたポーランドでは、バラバラになっていたポーランド人たちがナポレオンの躍進《やくしん》によって祖国が復活するのを期待し、フランスの軍事活動に協力する者もいました。

戦争の結果、1807年にフランス軍がプロイセン軍を破り、ナポレオンはプロイセンが領有していた地域にワルシャワ公国を設立します。かつてのポーランド王国の領土と比べれば面積は小さなものでしたが、ポーランド人の国は一時的に復活を果たしました。

このワルシャワ公国は実質的には独立国でなく、フランスの支配下にありました。それでも、ポーランド人は将来的に独立することを期待して、ナポレオンを引き続き支援します。

1812年のモスクワ遠征では、10万ものポーランド人義勇兵がナポレオン軍に加わりました。ところが、この遠征は大失敗に終わり、ワルシャワ公国は崩壊しました。

ウィーン体制

モスクワ遠征に失敗したナポレオンは、1815年にワーテルローの戦いでイギリス・オランダ・プロイセンなどの連合軍に敗れて、完全に勢いを失いました。

戦後、オーストリアの首都ウィーンに各国の代表が集まって、戦後の国際秩序《ちつじょ》が話しあわれます。このウィーン会議では、フランス革命以前のヨーロッパに戻《もど》すことと、国と国との間で問題が起こった場合は、イギリス、プロイセン、オーストリア、ロシアの4カ国が中心になって解決するという方針が決定しました。これを、ウィーン体制といいます。

ただし、完全にもとの形に戻ったわけではありません。多くの領邦がナポレオンに占領され、1806年に滅亡した神聖ローマ帝国は復活しませんでした。

ヨーロッパの政治状況が大きく変動するなか、長年にわたってオーストリアやプロイセン、オスマン帝国の支配下に置かれ、自分たちの国家を持てない状況が続いていた東欧の人びとは、自分たちの使っている言語や自分たちの歴史に目を向け、独立を求めるようになっていきます。これを、民族再生運動といいます。

ポーランドはロシアの支配下に

ナポレオンの没落《ぼつらく》によってワルシャワ公国が消滅したあと、新たにポーランド立憲王国（会議王国）が成立しました。ただ、この国は独立国とはいえず、国王はロシア皇帝（ツァーリ）であり、実質的にはロシアの支配下にありました。

同様に、オーストリア領となったかつてのポーランド領内には自治国としてクラクフ共和国が成立し、プロイセン領となったかつてのポーランド領内には自治領としてポズナニ大公国が成立しました。

1815年のポーランド

1825年、ロシアでツァーリの専制《せんせい》に反対するデカブリストの乱が起こります。この反乱をしずめたのちに即位したニコライ1世は、自分の立場をおびやかす者をますますきびしく弾圧するようになりました。

ポーランド人は、1830年11月にワルシャワで独立をめざして立ち上がりました（十一月蜂起《ほうき》）。しかし、ツァーリの差し向けた軍に敗れ、その1年あまりあとに、ポーランド立憲王国は正式にロシアの属国となります。このとき多くのポーランド人が国外に逃げ、以後、ポーランド人の独立運動はパリなどで行われるようになっていきました。

ハンガリー貴族も目覚める

フランス革命とナポレオン戦争の影響は、ハンガリーにもおよびました。19世紀のはじめ、ハンガリー人はオーストリアの支配下にある状況から脱するため、自由主義的な貴族《きぞく》たちが、ハンガリー語の普及《ふきゅう》などの文化政策を進めました。

また、農業を基盤《きばん》にした社会では国の発展は望めないと考え、農奴制をやめて農民や労働者に自由を与えたり、工場で生産活動をしたりと政策を転換しようとします。ところが、ハンガリー人貴族は自分たちの利益が失われるのを嫌がり、反対しました。

ところが、1830年代になるとハンガリー貴族の間でも、近代国家となるには産業が栄える必要があり、そのた

そのころ、日本では？

1840（天保《てんぽう》11）年、中国でアヘン戦争が起こり、清《しん》国がイギリスに敗れました。これにより、欧米列強とむやみに敵対する危険性を思い知った江戸幕府は、外国船を追い払う異国船無二念打払令《いこくせんむにねんうちはらいれい》を撤回《てっかい》。外国船に飲料水と燃料を与えることを認める薪水給与令《しんすいきゅうよれい》を出しました。

めには農民の立場も向上させなければならないと考える者が増えます。これにより、製《せい》粉《ふん》・製糖《せいとう》・繊維などの産業が発展し、銀行も誕生しました。

このころ、貧《まず》しい貴族の出であるコシュートがハンガリーの独立運動を指導しました。1832年にポジョニ（現在のブラチスラバ）の議会の議員となったコシュートは、貴族の特権の廃止を訴えました。一時は貴族たちの反感を買って投獄《とうごく》されましたが、1840年に出獄《しゅつごく》すると、議員に復帰して活動を続けました。

ボヘミアの文化を守れ！

ポーランドとハンガリーに挟《はさ》まれたボヘミアも、ナポレオン戦争から大きな影響を受けました。神聖ローマ帝国が解体された結果、ドイツ人が多く住むボヘミアは、新たに成立したオーストリア帝国の一部になります。このため、多くのチェコ人は自分たちの言語や文化が消えることを恐れ、チェコ語などの文化を保護する運動をはじめます。また、東欧各地のスラブ系民族の団結を主張する者が現《あらわ》れました。

一方、ボヘミアの東にあるスロバキアは、ハンガリーの支配下にあったことから、ボへミアとは異《こと》なる文化がありました。ここでも、自分たちの言語であるスロバキア語を公用語にしたいと主張する声が大きくなっていました。

イリリア運動は禁止

ウィーン体制の成立後、バルカン半島においてもクロアチア人を中心とした民族再生運動が起こります。クロアチア人の住む地域名から、イリリア運動とも呼ばれます。

イリリア運動は、クロアチア語の文芸作品を発表する文化運動として1830年代にはじまり、1840年代になると政治的な発言も出るようになりました。その結果、多くの支持者を集めたことで、この地域を支配するオーストリア政府に運動を禁止されてしまいます。

同じバルカン半島でも、現在のルーマニアの東部や南部に位置するモルダビアとワラキアは、ロシアとオスマン帝国の争いの舞台《ぶたい》となっていました。南のオスマン帝国から見ると辺境にあたるこの地域には、18世紀の後半からロシアが進出したため、しばしば戦場となります。ナポレオン戦争と同時期に、オスマン帝国との戦いで、ロシアはモル

19世紀前半の東欧

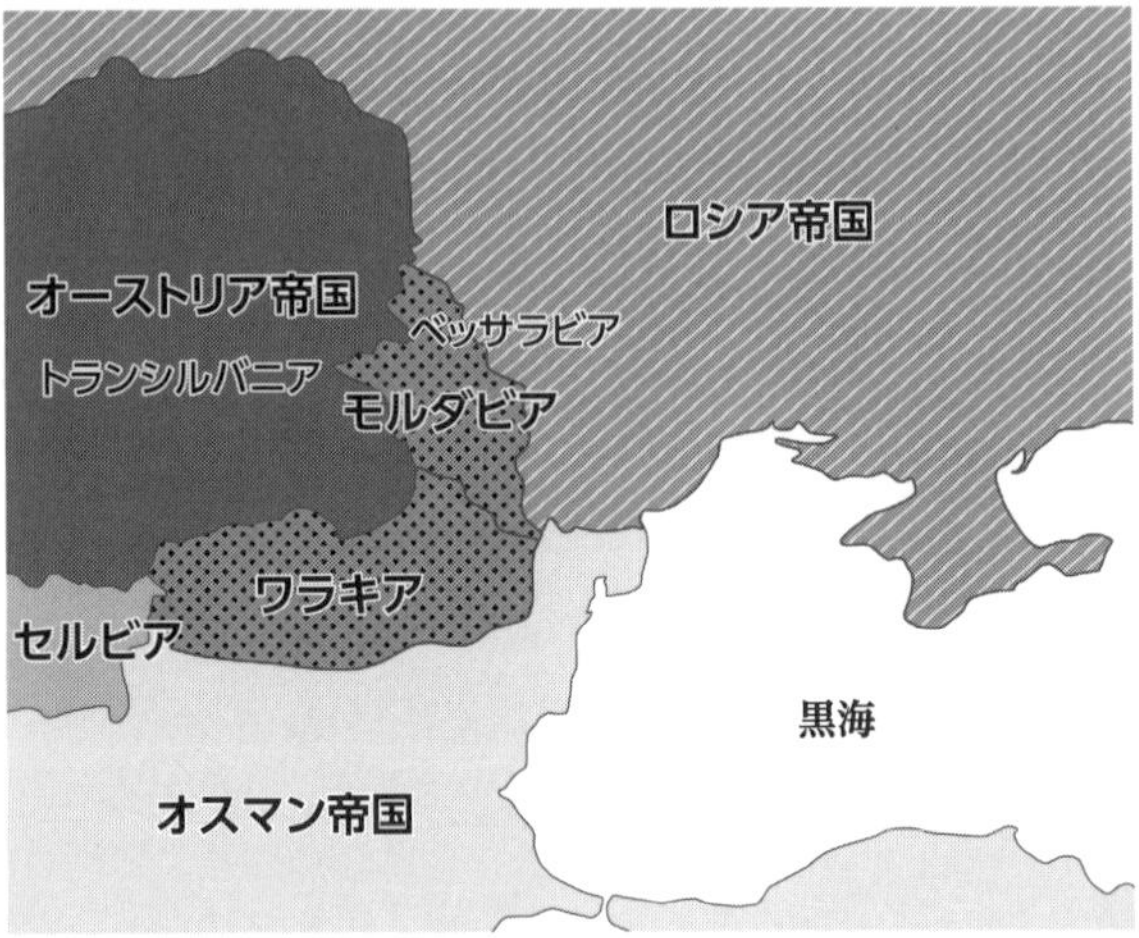

ダビアをふくむ一帯のベッサラビアを獲得しました。

その後、ナポレオン戦争の影響で、モルダビアやワラキアでは独立を求める声が出はじめました。しかし、大国であるロシアとオスマン帝国に挟まれるなかで独立できず、モルダビアとワラキアは、ロシアとオスマン帝国による共同統治状態となりました。

さらに、1821年にオスマン帝国支配下のギリシャで独立戦争が起こると、モルダビアとワラキアの周辺はロシアの支配が拡大します。

戦争中、モルダビアとワラキアはロシアに占領され、戦後の条約によりロシアの監督《かんとく》のもとで政治が行われることになりました。モルダビアとワラキアには、行政長官としてロシアのキセリョフ将軍がやってきます。キセリョフは、ロシアでも実現されていない普通選挙や、市民に対し経済活動の自由を認めるなどの政策を実行しました。

これをきっかけに、モルダビアとワラキアの貴族のなかに、ふたつの国に分裂した状態でなく、ルーマニアというひとつの独立国家を建設するという理想を抱く者が現れました。なお、モルダビアとワラキアでは、ギリシャの独立戦争のあとイギリスなどとの貿易がさかんになり、西欧との交流がはじまりました。

無視されたベラルーシと4つのウクライナ

続いて、ロシアの支配下にあった地域の状況を見ていきましょう。まず、19世紀になってから新しい歴史がスタートした、ベラルーシの状況を紹介します。

この地域の人びとは、ポーランド分割でロシア領となったあと、ニコライ1世のもとで脱ポーランド化を強制されました。反対する地主は土地を没収《ぼっしゅう》され、新たにロシア人に管理されるようになったため、ポーランド文化は失われます。

4つのウクライナ（推定）

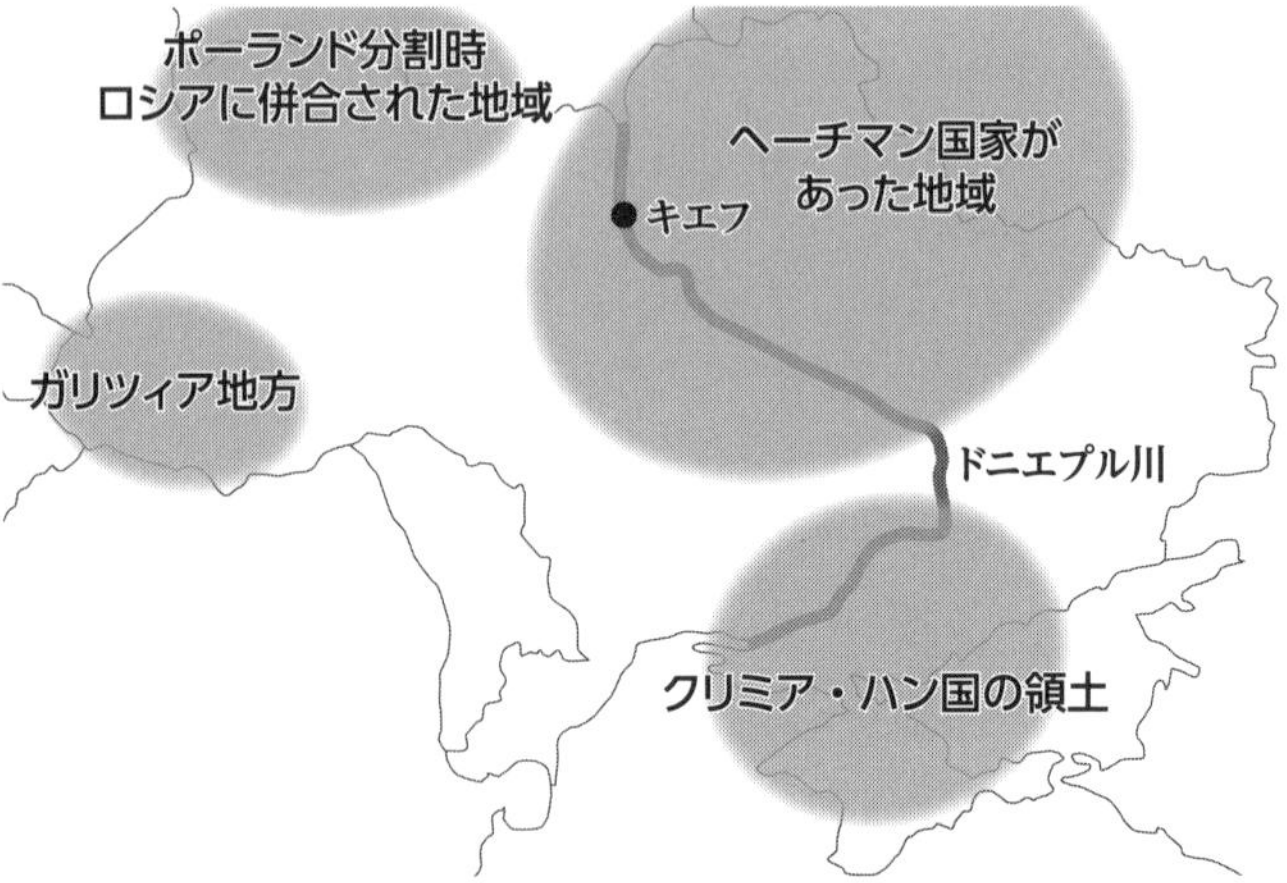

その反面、ポーランドが分割される前はベラルーシ独自の文化は無視されていましたが、ロシアが農民を教育するためにベラルーシ語を復活させます。このことから、ベラルーシの人びとも独自の文化を意識するようになるのです。ただ、農民が不満を訴えても、強大なロシア軍によって抑えつけられていました。

ベラルーシの南のウクライナは複雑な状況でした。19世紀当時は、長くロシアの支配を受けてきた東部のキエフ周辺（かつてのキエフ公国や、コサックが築いたヘーチマン国家があった地域）、ポーランド分割でロシアに併合された地域、黒海の北岸地帯（18世紀末にロシアに併合されたクリミア・ハン国の領土）、さらにポーランド分割でオーストリア領になったガリツィア地方の4つに分裂していました。

同じウクライナのなかでも、ロシア人が移住してロシアと同じギリシャ正教徒が多い地域と、カトリックが広まってポーランドと文化が近い地域がありました。

ロシアに併合されている地域では何もできなかったため、ロシアの支配がおよばないオーストリア領のガリツィアが、ウクライナの民族運動の中心地となります。

諸国民の春がくる

19世紀の前半、オーストリアの支配下にあったクラクフでは、ポーランド人の自治権は制限され、独立運動が抑えこまれます。商工業が発達していなかったポーランドには、都市の市民階級が少なく、独立運動を起こすには人口の多数を占める農民の参加が不可欠でした。１８４６年、ポーランドの農民は農奴状態からの解放を求めて立ち上がりますが、オーストリア政府が派遣した軍隊に鎮圧《ちんあつ》されました。

また、プロイセン領のポズナニでもポーランド人が独立をめざして立ち上がりますが、プロイセン政府に鎮圧されます。こうして独立への動きはしずめられたものの、オーストリア領内でもプロイセン領内でも、ポーランド人の農奴は解放されました。

1848年、フランスで都市の労働者による二月革命が起こり、共和制が成立しました。これに刺激され、ヨーロッパの各地では専制支配を打ち破り、民族の独立を唱える運動が広がりました。これを「諸国民《しょこくみん》の春」といいます。

ハンガリー、独立なるか？

ハンガリーの独立運動を指導していたコシュートは1848年、パリで起こった二月革命に刺激を受けて、議会でハプスブルク家の支配を批判し、農奴解放や貴族の免税特権の廃止などを要求する演説を行いました。この要求は下院では承認されましたが、上院の貴族は賛成しませんでした。

そこでコシュートは、議会で行った提案を文章にしてペシュトで市民たちに配布します。これを受けて、学生や青年たちがはじめたデモが大衆を巻《ま》き込んで拡大しました。

これに勢いを得たコシュートは、1849年4月、ハンガリーの独立宣言を発表します。さらに、ハプスブルク家からの独立を求めて立ち上がりました（ペシュト革命）。

ところが、当時ハンガリーの一地域となっていたクロアチア人は少数派になることを嫌って、ハンガリーの独立に反対しました。クロアチア人がオーストリア政府軍と協力して、ハンガリーの独立運動を妨《ぼう》害《がい》したため独立は失敗に終わり、コシュートは国外に亡命します。

その後、議会では農奴解放が議《ぎ》決《けっ》され、オーストリア皇帝によって、商工業者などのギルド（組合）が廃止され、自由な経済活動ができるようになりました。

コシュートは、亡命後もアメリカやイギリスでハンガリー独立の支援を訴えつづけましたが、結局、

独立は果たせぬまま1894年にイタリアのトリノで死去しました。

立ち上がるポーランド人

そんななか、1853年にロシアはバルカン半島周辺のスラブ系民族の保護を口実にオスマン帝国と開戦します（クリミア戦争）。しかし、ロシアの勢力拡大を嫌うイギリスやフランスがオスマン帝国を支援したため、ロシアは敗れました。

1856年、ロシアがクリミア戦争で敗れたことによる混乱を利用して、ワルシャワを中心にポーランド人が独立をはかります。

ポーランド人の労働者や、貴族でも一族の後継ぎでない身分の者、徴兵をのがれて森などに隠《かく》れていた人びと、学

そのころ、日本では？

1853（嘉永《かえい》6）年、マシュー・ペリー率いるアメリカ合衆国海軍東インド艦隊の艦船4隻《せき》が浦賀《うらが》へ来航し、日本に開国を求めました。この一件により幕府は大混乱に陥り、江戸幕府の崩壊が始まります。一般的には、この黒船来航から大政奉還《たいせいほうかん》までの期間を「幕末《ばくまつ》」といいます。

生や職人たちのグループなどがデモ行進して独立を求めました。

いずれも、ロシア政府の派遣した軍隊によって鎮圧されますが、積極的に独立を求めないポーランド人の穏健《おんけん》派たちも、独立を声高に叫《さけ》ぶ人びとから批判されることを恐れて、活動家に接近するようになります。

1863年1月、ロシア政府がポーランド人を徴兵することを発表すると、ポーランド人が不満を訴えて立ち上がりました（一月蜂起）。

ところが急進派と穏健派の連絡がうまくいかず、ロシア政府軍に立ち向かった人数はわずかでした。武器もまったく足りず、外国からの助けも借りられないまま、ポーランド人は国民政府の樹立を宣言しますが、1864年4月にはロシアの軍隊によって鎮圧されました。

なお、ロシア政府は反乱軍が出した農地解放令をあえて認め、農民に耕作地を与えました。さらに、地主には政府がその補償金《ほしょうきん》を出すことで農民の生活を安定させ、ポーランド人農民と反乱軍を切り離したのです。バラバラになったポーランド人は、結局ロシアからの独立を果たせませんでした。

独立させないために独立しない

1866年、ドイツ統一をめぐるプロイセンとの戦争（普墺《ふおう》戦争）に敗れたオーストリアは、国力が低下します。このことは、オーストリア支配下のハンガリー人などにとって、独立のチャンスになるはずでした。

ところが、ハンガリー人は、ほかの少数民族がハンガリー領から独立することを恐れ、オーストリアの支配下にとどまります。オーストリアとともに、帝国内のスラブ系の人びとと共存していく道を選びました。

ハプスブルク家に忠誠《ちゅうせい》を誓《ちか》っているハンガリー人が独立することは、オーストリアにとっても大きな痛手《いたで》になるため、ハンガリー人が帝国内にとどまってくれることを期待し、ハンガリー人とオーストリア政府は手を結びます。

その結果、1867年10月に同君連合国家であるオーストリア・ハンガリー二重帝国が成立しました。

この二重帝国は、ハンガリー国王をオーストリア皇帝が兼任し、軍事・外交・財政は

オーストリア・ハンガリー二重帝国の地域

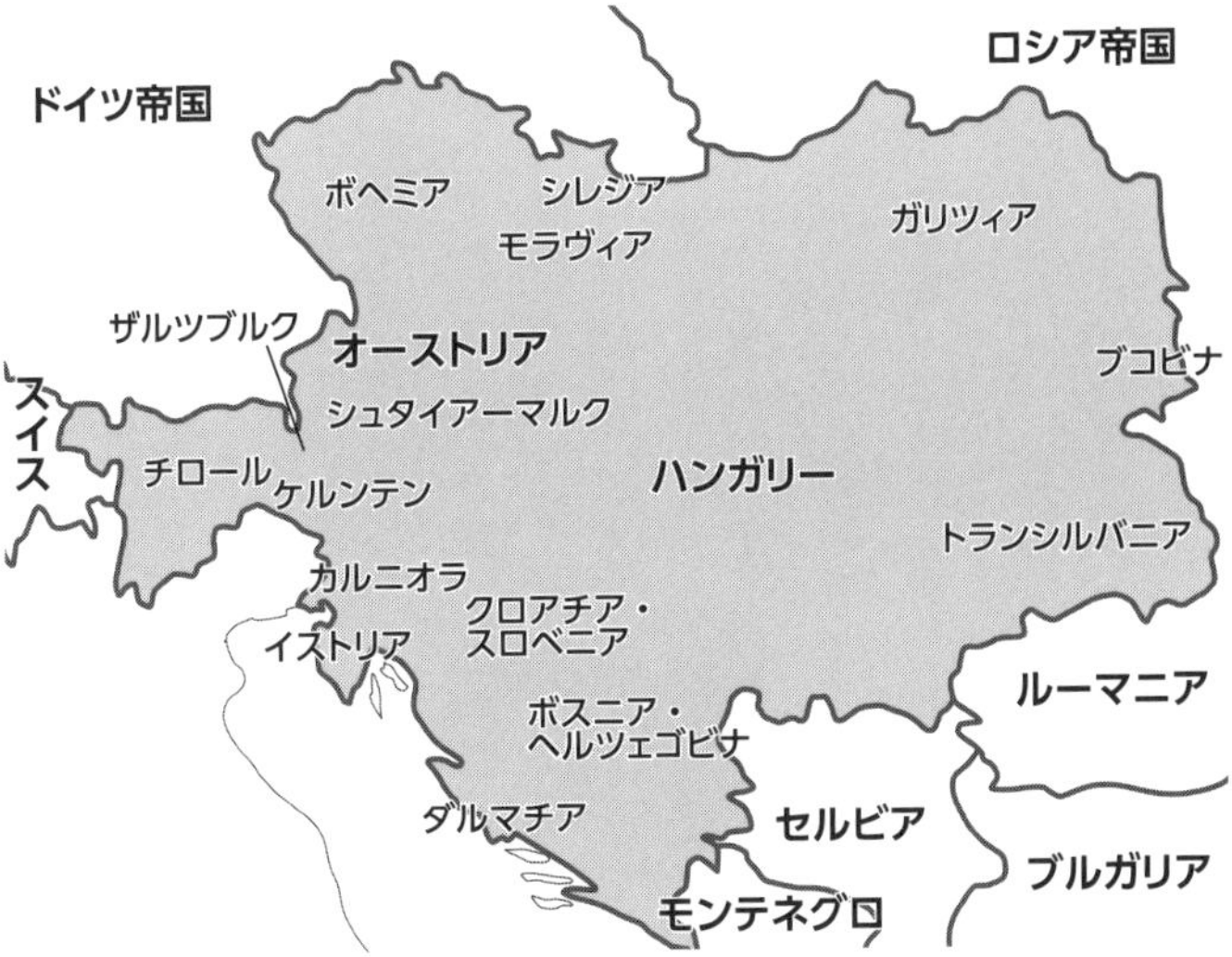

ハンガリーとオーストリアによって組織される共通の政府があつかいますが、両国はそれぞれ独自の憲法・議会・政党を持つという体制でした。

この体制は「アウスグライヒ（妥《だ》協《きょう》）」とも呼ばれています。要するに両国の利害が一致するところに妥協点を見出し、国家運営を図ろうとしたのです。

二重帝国の成立によって、ハンガリーはトランシルバニアを獲得すると、クロアチアも国家の領域に入れ、ハンガリーは現在の倍以上の領土を持つ多民族国家になります。

アウスグライヒ成立時の約束で、ハンガリーはクロアチアとトランシルバニアを国家の領域に入れました。これにより多民族国家になったハンガリーは、この地域にそもそも住んでいるハンガリー人のほか、スラブ系など多くの民族を抱《かか》えこみました。

しかし、ハンガリーはそもそもマジャール人の国家であり、議会でもマジャール人への政策が優先されます。このため学校教育などでハンガリー語が強制されることになり、非ハンガリー系民族からはげしく反発されました。

独立か、共存か

同じくオーストリアの支配下にあったボヘミアにも、1848年の二月革命の影響が広がります。ただし、当時のプラハではボヘミアの独立よりも、オーストリアを連邦国家とし、スラブ系の諸民族の共存をはかる「オーストリア・スラブ主義」の主張が優勢でした。この年の6月、この構想に基《もと》づく「スラブ人会議」が開かれます。

オーストリア・スラブ主義の考え方は、ハンガリー人やポーランド人の急進的な独立派から、「弱腰《よわごし》だ」と批判されました。ボヘミア人の急進的な独立派が蜂起《ほうき》しますが、オーストリア政府に鎮圧され、「スラブ人会議」はすぐに解散に追い込まれました。

その後、ボヘミアでは、繊維、食品、鉄鋼などの産業が大いに発展します。豊かな工業地帯のボヘミアを手放したくないオーストリアは、ボヘミア内でオーストリアとの妥協をはかる穏健派に働きかけたりして、独立を阻止しようとしました。

チェコ人の間では、オーストリアとハンガリーの同君連合に加わって三重帝国とする案も出ましたが、ハンガリー人やボヘミア内のドイツ人が反発しました。

スロバキアはどうする？

１８４８年、ハンガリーでコシュートが主導する独立運動が盛りあがると、国内ではさまざまな民族もそれぞれオーストリアからの独立運動をはじめました。コシュートが独立宣言をすると、スロバキア人も民族の自治権を求める文書をハンガリーの革命政府に出しますが、革命政府は要請を拒否しました。

オーストリアも、スロバキア人の独立の動きを抑圧しました。そして、１８６７年にオーストリア・ハンガリー二重帝国ができると、スロバキア人への締《し》めつけもより強化されました。このような状況への不満が、ボヘミアとの合同を求める動きに連《つら》なっていくのです。

ルーマニア王国が誕生

ハンガリーなどで大きな影響をおよぼした1848年のパリの二月革命、およびその後の「諸国民の春」の広がりは、ロシアやオスマン帝国の支配下にあったモルダビアやワラキアにもおよび、ワラキアの貴族であるバルチェスクやブラティアヌをリーダーとする独立運動が盛り上がります。

しかし、この動きはロシアの軍隊などによって鎮圧されてしまいました。指導者たちはパリへのがれ、そこで自由主義思想を学びながら独立の機会をうかがいます。

1853年からのクリミア戦争でロシアがオスマン帝国に敗れると、1856年にパリで講和会議が開かれ、同年結ばれたパリ条約により、モルダビアとワラキアはパリ条約に調印した国ぐにの共同管理下に置かれることとなりました。

このとき、モルダビアとワラキアの統一も検討され、フランスとロシアはオスマン帝国を牽制《けんせい》する意味もあり統一に賛成しましたが、この地域がひとつになって新たな大国が生まれることを恐れたイギリスとオスマン帝国は反対しました。

パリ条約が結ばれた3年後の1859年、モルダビアとワラキアはモルダビア出身の貴族クーザを公とする同君連合国家となります。これをもって、「ルーマニア公国」が誕生しました。しかし、クーザの農地改革や選挙法の実施は、これまでの支配階級の反対に遭い、ルーマニア公国の政治は混乱しました。

ルーマニア政府は、1866年にナポレオン一族とプロイセン王家の親戚であるカレルを新たな君主（公）に迎えました。カレルはパリ条約に調印した国ぐにの共同管理下から抜け出すと宣言しますが、共同管理は1877年のオスマン帝国からの独立宣言まで続きました。1881年にカレルは国王に即位し、ルーマニアは王国となります。

義賊が国民主義を育てた!?

ブルガリアは14世紀末からオスマン帝国の支配下にありましたが、19世紀に入る前後から、ルーマニアと同様にロシアが政治に口を出し、イギリスとの貿易がさかんになります。外国と接するなかで自国の歴史を見直す動きが生まれ、修道士のパイシー・ヒランダルスキが1762年に執筆した『スラブ・ブルガリア史』が、多くの人びとに読まれました。こうしたなか、民族の団結と独立を唱える声が高まります。

また、オスマン帝国のもとではコンスタンティノープル教会を中心にギリシャ人の聖職者が高い地位を独占し、教会の儀式ではブルガリア語ではなくギリシャ語が強制されました。このため、ブルガリア教会の独立を求める声が広がります。

さらに19世紀になると、役人や大地主、大商人などの金持ちを襲《おそ》うハイドゥクといわれるブルガリア人の盗賊《とうぞく》が注目されました。彼らはオスマン帝国が東欧に侵入してきた15世紀ころから、貧しい農民を襲うことはなく、ギリシャ人の商人を襲うなどの活動をしていました。

ブルガリア人大虐殺

19世紀になり、ロシアの侵入や帝国内の官僚の腐敗などで動揺するオスマン帝国では、1839年からタンジマートという政治改革が実施されました。

この影響はブルガリアにもおよび、学校が建てられ、外国留学への奨学金《しょうがくきん》が用意されるなど、人材育成の教育が普及《ふきゅう》しました。これにより、パリやウィーンに留学するブルガリア人も現れます。その結果、西欧の自由や平等の思想がブルガリアにもたらされ、ブルガリアの各地に民族独立をめざす革命運動が広がっていきました。

1875年、ボスニアで農民たちが税の減免《げんめん》を求めて蜂起します。これに影響されたブルガリアの農民や手工業者、商人、教師、聖職者などが、翌年4月にオスマン帝国に対して反乱を起こしました。(四月蜂起)。

このとき、オスマン帝国軍は村を焼き討《う》ちして、多くの住民を虐殺《ぎゃくさつ》して1カ月ほどで反乱をしずめま

す。このニュースが「バタクの虐殺事件」としてヨーロッパに伝わると、ヨーロッパのみならず世界全体で、オスマン帝国を打倒しようという意見が広がりました。

ブルガリア公国の成立

ブルガリアでの虐殺事件も一因となり、1877年、ロシアはバルカンのギリシャ正教徒の保護を口実にオスマン帝国に宣戦し、露土《ろと》戦争が起こりました。

翌年、イギリスの介入を嫌ったロシアは、急遽《きゅうきょ》イスタンブル近郊のサン・ステファノでオスマン帝国と条約を結びます。このサン・ステファノ条約は、ルーマニア、セルビア、モンテネグロの完全独立と、マケドニアをふくむ大ブルガリア公国の成立、ベッサラビアなどのロシアへの割譲など、ロシアに有利な内容でした。

しかし、ロシアが強大になることを恐れたイギリスはサン・ステファノ条約に不満を表明します。同年6月から7月にドイツ宰相《さいしょう》ビスマルクの仲裁で、ベルリン会議が開かれ、サン・ステファノ条約の代わりにベルリン条約が結ばれました。

この条約により、ブルガリアは領土を減らされるとともに、オスマン帝国に納税をす

1878年の東欧

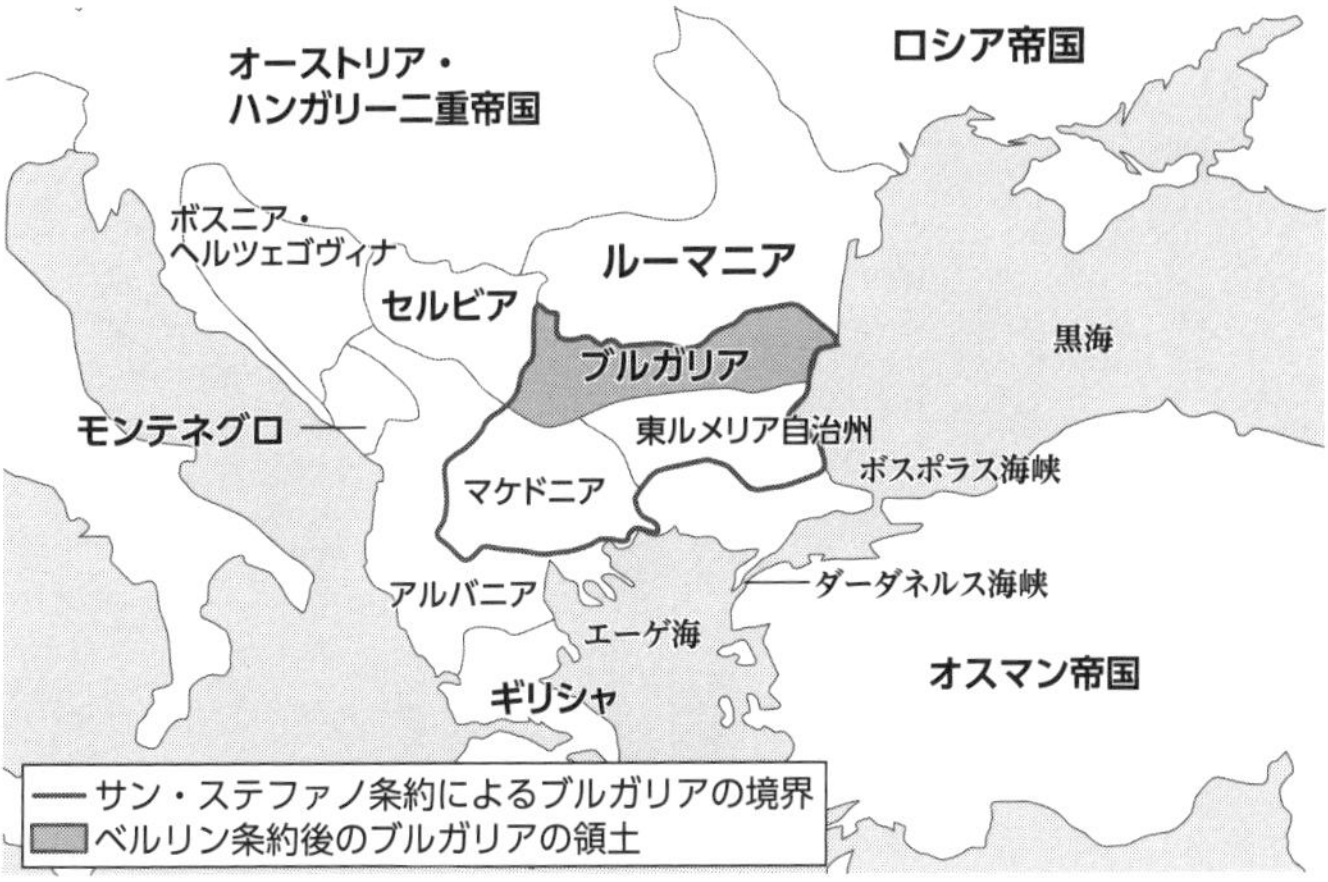

る自治国となると同時に、ロシアの暫定《ざんてい》統治下に置かれました。つまり、オスマン帝国の支配下にあるという名目で、実質的にはロシアが政治上の管理を行うことになったのです。

1879年、ブルガリア公国ではロシア監督下に憲法が制定され、ロシア皇帝アレクサンドル2世の甥《おい》にあたる、ドイツのバッテンベルク家のアレクサンダルがロシアに推薦《すいせん》されてブルガリア公に就いたことによって、ロシアとブルガリアの関係は強化されます。

ところで、ベルリン会議においてブルガリア南部の東ルメリア地方はオスマン帝国領に戻されていました。

ブルガリア公国も東ルメリア地方のブルガリア人もこれに不満を募らせ、1885年に東ルメリアのブルガリア人の政治組織が反乱を起こすと、アレクサンダル公がロシアの同意を得ないままに、東ルメリアの併合を宣言しました。

同年、ブルガリアが強大になるとバルカンの勢力関係を崩《くず》すと考えたギリシャとセルビアはこれにはげしく反対し、セルビア・ブルガリア戦争が起こります。勝利したブルガリアは東ルメリアを併合しました。

しかし、ブルガリア国内には親ロシア派と反ロシア派の両勢力がおり、9月にアレクサンダル大公はロシアの圧力で退位させられます。その後、独立運動にかかわってきた反ロシア派のスタンボロフが親ロシア派を抑えて権力を握り、独裁的手法で政治を行いました。

1887年、スタンボロフはザクセン・コーブルク家のフェルディナントを新しい公に立てますが、フェルディナントはロシアへの接近を図り、1894年にスタンボロフを解任します。1896年、オスマン帝国はロシアの合意を取りつけたうえで、フェルディナントをブルガリア公兼東ルメリア総督《そうとく》と認めました。

スロベニアは盛りあがらず

バルカン半島北西部のスロベニアの地域では、15世紀から16世紀にかけてオスマン帝国の攻撃にさらされました。これにより、農民は困窮《こんきゅう》します。さらに宗教改革の混乱も続き、16世紀から17世紀にかけてスロベニアにおけるプロテスタントはカトリック勢力によって締め出されました。スロベニアではカトリックとラテン文字が定着し、こうした信仰と言語・文字が「スロベニア人の文化」として自覚されるようになります。

そしてスロベニアでも、19世紀になると新しい動きが出てきます。ナポレオン戦争中、ケルンテンなどの一部地方は、クロアチア、ダルマチアとともにフランス領に編入され、そこでスロベニア語が公用語とされ、民族意識が高まっていったのです。

1848年の「諸国民の春」は、スロベニアにも大きな影響を与えます。自治を求める政治的な要求は実現しませんでしたが、スロベニア語で作品を書く文学者が増えてきてスロベニア語が広まりました。

1867年のオーストリア・ハンガリー二重帝国の成立は、スロベニア人社会に大きな変化をもたらしませんでしたが、州《しゅう》の議会では、スロベニア人議員が多数を占《し》めるところも出てきます。ただ、州単位ではスロベニア人議員が増加したものの、州を越えたまとまりがあまりなく、民族運動の高まりはありませんでした。

クロアチア人とセルビア人の連合

さまざまな民族が独立や自治を求めるなか、クロアチアのとった姿勢は他の東欧諸国とはやや異なっていました。当時のクロアチアの総督《そうとく》イェラチッチは青年時代からウィーンで学び、親オーストリア派であったため、ハンガリーで起こった反乱の鎮圧で活躍し、クロアチアでは反オーストリアの動きはなく、反乱鎮圧後のクロアチアへのオーストリア政府の対応は何もありませんでした。

1867年にオーストリア・ハンガリー二重帝国が成立したとき、クロアチアはハンガリーと協定を結び、自治を与えられることで、ハンガリーの体制下におかれました。

その後、クロアチアの民族運動は二派に分かれます。ひとつはクロアチア人の独立民族国家建設をめざすもので、もうひとつは南スラブの統一をめざすものでした。

クロアチアはカトリック圏、セルビアは東方正教圏であり、宗教文化は異なりました。しかし、クロアチア内のセルビア人グループとの関係が生まれ、1905年には「クロアチア人・セルビア人連合」という組織ができました。

ボスニア主義とは？

ボスニア・ヘルツェゴビナは、中世のボスニア王国時代からボスニアとヘルツェゴビナ、ズボルニクの3地域で構成されています。イスラム教徒、ギリシャ正教徒、カトリック教徒、ユダヤ教徒が入り混じりつつも、「自分たちはボスニア・ヘルツェゴビナ人」という一体感と、地域への帰属《きぞく》意識が定着していました。

1875年、ヘルツェゴビナではキリスト教徒の農民がイスラム教徒の地主に反乱を起こします。これは近隣の国ぐにを巻き込み、キリスト教徒の住民を支援するロシアとオスマン帝国の衝突《しょうとつ》（露土戦争）に発展しました。

オスマン帝国は戦争に敗れ、ボスニアの行政権はハプスブルク家が握ります。しかし、以降も支配体制は変化がなく、イスラム教徒の地主を温存《おんぞん》したため土地改革は行われず、カトリック信徒の農民たちの不満は大きくなっていきました。

1880年代に入ると、近隣のセルビアやクロアチアからの働きかけもあり、同じボスニア・ヘルツェゴビナ人でも、ギリシャ正教徒はセルビア人、カトリック教徒はクロアチア人の仲間という意識が強まり、イスラム教徒も自身の民族意識を強めます。

これに対して、ハプスブルク家はボスニアの内紛を抑えるため、宗教や民族より郷土に帰属意識を持つことを唱える「ボスニア主義」を広めます。1908年、ハプスブルク家はボスニアの完全併合を行い、1910年には立憲制が採用されました。セルビア人やクロアチア人は代表を議会に送り込むようになります。

家畜商人の反乱

セルビアも長らくオスマン帝国の支配下にありましたが、18世紀の後半にオスマン帝国がロシアやハプスブルク家におびやかされて弱体化すると、独立傾向を強めます。18世紀末のハプスブルク家とオスマン帝国の戦争で、セルビア人ははじめて義勇兵をハプスブルク側に送ります。そのころ、オスマン帝国軍人（イェニチェリ）がセルビア内で行う暴力行為などへのセルビア人の不満も高まり、1804年、地域の自治組織の長官や商人、聖職者たちが決起しました。

　さらにこの年、家畜商人のカラジョルジェの指導する反乱（第一次セルビア蜂起）が起こります。この反乱は全土に拡大し、反オスマン帝国、そして独立をめざす運動へと変わっていきます。

　1806年、ナポレオンと戦っていたロシアがオスマン帝国とも戦いはじめると、セルビアは一挙に独立の実現をめざしました。ロシアがナポレオンと和平条約を結び、

オスマン帝国とも休戦条約を結びます。

セルビアは1815年、自治を承認《しょうにん》され、その後も交渉します。1830年、ようやく公国として完全な自治を獲得しました。

大セルビア主義

セルビアでは中世セルビア王国の繁栄に対する思いが強く、ボスニア人もクロアチア人もふくめて、オスマン帝国やオーストリア帝国内のスラブ系民族を、セルビアを中心にした国家にまとめていこうという動きが出てきます（大セルビア主義）。

自治を獲得したセルビア内には、ふたつの有力な政治勢力がありました。その両者の対立もはげしかったのですが、一方で、近代国家に不可欠な議会制や政党制の樹立も進んでいきました。このとき、外交方針として大セルビア主義が意識されます。

一方、モンテネグロはオスマン帝国に納税しつつも、独立国としての地位を維持しました。教会の支配者が政治を行う宗教国家でしたが、19世紀半ばに主教になったダニーロ1世が宗教と政治を切り離し、1852年にモンテネグロ公国となりました。

1876年、セルビアとモンテネグロは協力してオスマン帝国に宣戦し、勝利します。続く露土戦争後のベルリン会議（ベルリン条約）でセルビア王国とモンテネグロ公国の独立が承認されました。

独立したセルビア王国は急激な近代化を図ります。軍事力も強化されていき、大セルビア主義の考え方が広がり、しだいにゲルマン系・カトリック国のオーストリアを敵視するようになります。

1908年、オスマン帝国で革命組織の「青年トルコ」が決起して政権を奪います。この政変に乗じてブルガリアは独立し、オーストリア・ハンガリー二重帝国はボスニア・ヘルツェゴビナを併合しました。これに対し、セルビアとボスニアでは反オーストリアを掲げる急進的な組織が勢力を広げます。

交通の中心マケドニア

ブルガリアとアルバニア、そして南のギリシャに囲《かこ》まれた地域は、マケドニアと呼ばれていました。古代のアレクサンドロス大王が建てた国の名に由来しています。

このマケドニアも長くオスマン帝国の支配下にありましたが、ギリシャやクロアチアでナショナリズムが高まってくると、マケドニアでもマケドニア語をはじめとしたマケドニアの伝統や歴史が注目されるようになってきます。

ところが、テッサロニケという港をもち、穀物生産地でもあったマケドニアは、バルカン半島の交通網の中心であったために別の問題を抱えることになりました。明確な民族意識が十分に育つ前に、周辺の国ぐにが自治や独立を果たし、マケドニアを領土にしようと動きはじめたのです。

1877年の露土戦争でマケドニアはブルガリアに併合されましたが、ビスマルクが仲介したベルリン会議でオスマン帝国に戻されました。

その後、マケドニアでは反オスマン意識が高まっていきました。そして、1893年8月2日、聖イリンデンの日

そのころ、日本では？

1893（明治26）年、三重県の実業家である御木本幸吉《みきもとこうきち》は長年の研究の末、アコヤ貝を利用した真珠《しんじゅ》の養殖《ようしょく》に成功します。本格的な養殖真珠の成功はこれが世界初であり、御木本は大量生産した真珠を海外に輸出。巨万《きょまん》の富を得て「真珠王」と呼ばれるようになりました。

に内部マケドニア革命組織が立ちあがります。しかし、反オスマン勢力が足並《あしな》みをそろえられなかったため、この蜂起は山岳地帯をのぞいて散発的なものに終わり、さらにブルガリア、ギリシャ、セルビアによって鎮圧され、それぞれの国に併合されました。

このあと、マケドニア問題をめぐるバルカン諸国の対立を防ぐため、ヨーロッパの国ぐには交渉を開始しますが、有効な打開策が出ないままでした。

バルカン半島の不穏な情勢

バルカン半島で勢力の拡大を狙うブルガリア、セルビア、モンテネグロ、ギリシャの4国は1912年にバルカン同盟を結成し、同年、オスマン帝国と開戦します（第一次バルカン戦争）。オスマン帝国は弱体化しており、バルカン同盟が勝利しました。セルビアとモンテネグロは領土を拡大しますが、ブルガリアがマケドニアを獲得したことにより同盟内で対立が起こります。

このため、続いてセルビア、モンテネグロ、ギリシャ、オスマン帝国、ルーマニアの5カ国とブルガリアとの戦争（第二次バルカン戦争）が起こり、敗れたブルガリアは領

第二次バルカン戦争における国ぐにの関係

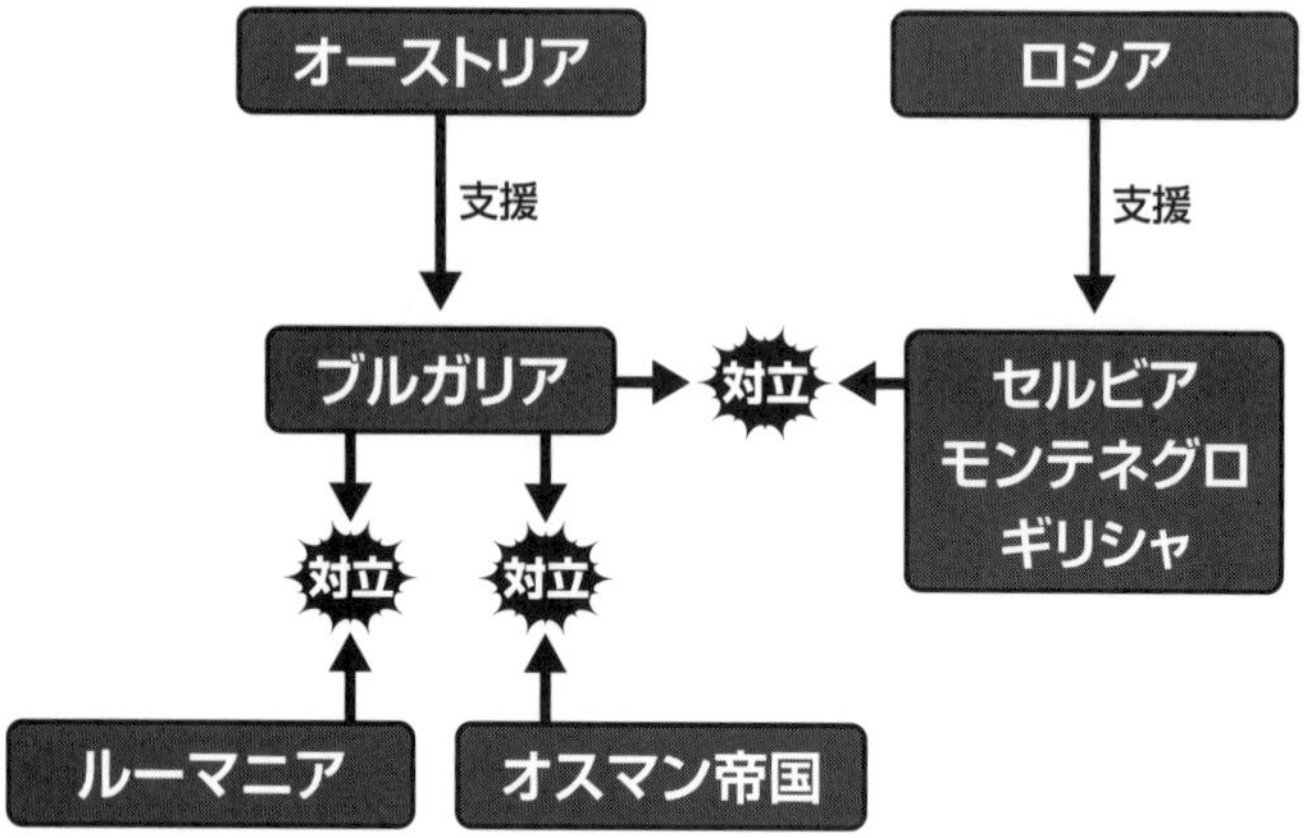

土が縮小されました。

2度の戦争のあと、セルビアはバルカン半島においてスラブ系民族の連帯《れんたい》を主張し、ロシアに接近します。一方、敗れたブルガリアや、ロシアから圧迫されつづけているオスマン帝国はドイツ、オーストリア・ハンガリー二重帝国側に接近しました。

アルバニアの独立

アルバニアでも、19世紀になってオスマン帝国の弱体化とともに、独立への動きが出てきます。1877年の露土戦争に際し、アルバニアだけはオスマン帝国側で参戦したため、翌年にサン・ステファノ条約で国土の一部がモンテネグロなどに割譲されそうになりました。そのためアルバニア人は、独立のためのプリズレン連盟を結成しました。

19世紀末、アルバニアは軍事において重要な場所だったため、各国がこの地域を奪おうとします。アルバニア人の抵抗や、第一次バルカン戦争の結果を受け、1912年のロンドン会議でアルバニアの独立が正式に認められました。

社会主義の誕生

ところで、18世紀後半から19世紀を通《つう》じて、ヨーロッパでは機械を使って大量生産し、それを安価に販売して利益を上げる資本主義という経済制度が広まっていました。しかし、工場の労働者は安い給料で長時間働かされ、病気やケガをして働けなくなっても生活を保障するシステムがありませんでした。そこで、ドイツ人のマルクスらは、労働者が団結して生活環境の改善を実現する社会主義思想を唱えました。

19世紀から20世紀のはじめ、皇帝の権力が強く貧富の差が大きいロシアでは、政府に批判的な人びとの間で、社会主義思想が広がります。また、一部の社会主義者は、大国の支配下にある民族の独立運動とも結びつきました。

混乱の時代の文化人たち

19世紀を通じて東欧の国ぐには戦乱と政変に見舞《みま》われてきましたが、一方では豊かな文化を育み、多くのすぐれた芸術家や科学者などを生み出しています。

ウィーンにはハプスブルク家の支配下の東欧各国の音楽家が集まりました。その代表格がハンガリー出身のフランツ・リストです。1822年からウィーン音楽院で学び、『ハンガリー狂詩曲《きょうしきょく》』『ファウスト交響曲《こうきょうきょく》』などの名曲を残します。彼が設立に尽力《じんりょく》したハンガリー王立音楽院は、のちのリスト・フェレンツ音楽大学となります。

ポーランドが生んだ音楽家フレデリック・ショパンは、ポーランド分割に抵抗するコシューシコの蜂起に参加した市民兵の息子でした。ワルシャワ音楽院で学んだのち、ロシアの支配をのがれて1831年にフランスのパリに渡りました。『24のプレリュード』『幻想ポロネーズ』『バラード第4番』ほかの作品で知られます。

ボヘミア出身のスメタナは、チェコの愛国的な音楽家です。1848年の二月革命ではチェコ独立派の義勇軍に参加して『国民軍行進曲』を作曲しました。日本でもよく知られている交響詩『モルダウ』は、管弦楽曲《かんげんがくきょく》の連作「わが祖国」の一部で、チェコの国土をうるおすウルタヴァ川（モルダウ）流域の風景を歌ったものです。

文学界では、19世紀の中期にロシア支配下のウクライナで活躍《かつやく》したゴーゴリが有名です。地方の役人の仕事ぶりを風刺《ふうし》した『検察官』、下級官吏《かんり》の生きざまを描いた『外套《がいとう》』、ロシアの貧しい民衆の姿を描写《びょうしゃ》した『死せる魂《たましい》』などの小説を残しました。ゴーゴリ自身はウクライナに強い愛着を持っていましたが、作品はロシア語で書かれ、トルストイやドストエフスキーといったロシアの文学者に大きな影響を与えました。

科学の分野では、女性ではじめてノーベル賞を受賞したマリー・キュリーがよく知られています。ポーランドがプロイセン、オーストリア、ロシアの3国に分割支配されていた時代のワルシャワで生まれ、パリに留学してフランス人のピエール・キュリーと結婚し、物理学の研究に打ち込みます。1898年に強力な放射線を発する新元素を発見し、マリーの祖国ポーランドの名から「ポロニウム」と名づけました。この成果と、ラジウム生成の研究によって、ノーベル賞を2度も受賞しています。

知れば知るほどおもしろい東欧の偉人④

交流モーターを発明した電気技術者

ニコラ・テスラ

Nikola Tesla

1856～1943年

発明王エジソンの最大のライバル

セルビアとクロアチアの両国を代表する偉人となっているのが、発明家のニコラ・テスラです。バルカン半島の西部がオーストリア帝国に支配されていた時代、現在のクロアチア西部で生まれましたが、両親はともに東方正教を信仰するセルビア人です。

オーストリア帝国の公用語だったドイツ語に加えて、セルビア・クロアチア語、ハンガリー語、チェコ語、英語、フランス語、イタリア語、ラテン語を話す秀才《しゅうさい》でした。1884年にアメリカに渡り、エジソン電気会社で働いたのちに独立し、交流式の電動機と強力な変圧器を発明しました。このため、直流式の発電機を広めるエジソンと対立し、最終的に交流式が国際的に定着します。

科学用語で磁力が働いている場での磁界《じかい》の強さを表す国際単位のテスラ（T）と、アメリカの電気自動車メーカーであるテスラ社は、彼の名に由来します。

chapter 5

第一次世界大戦

東欧ではじまった世界大戦

1914年6月28日、軍事演習を視察《しさつ》するためにボスニアの州都サラエボを訪問していたオーストリア・ハンガリー二重帝国の帝位継承者フランツ・フェルディナントが、セルビア人の青年に暗殺されました。この事件で、セルビアとオーストリアが対立します。ロシアはセルビアを支援し、ドイツはオーストリアを支援しました。

7月28日、オーストリアがセルビアに宣戦布告をします。8月1日にはドイツがロシアに宣戦布告をしました。ドイツはその日のうちにリトアニアとラトビア南部を占領しました。

ドイツ軍に占領されたリトアニアでは、ロシアから独立しようという機運が高まりますが、ラトビアやエストニアは、ドイツ人による支配が強化されることに危機感を抱《いだ》き、ロシア帝国にとどまって自治権を獲得しようという考え方が主流となりました。

ドイツは8月3日にロシアの同盟国であるフランスにも宣戦布告をしました。これに対し、イギリスは8月4日にドイツに宣戦布告をし、オーストリアは8月5日にロシア

第一次世界大戦直前のヨーロッパ(1914年)

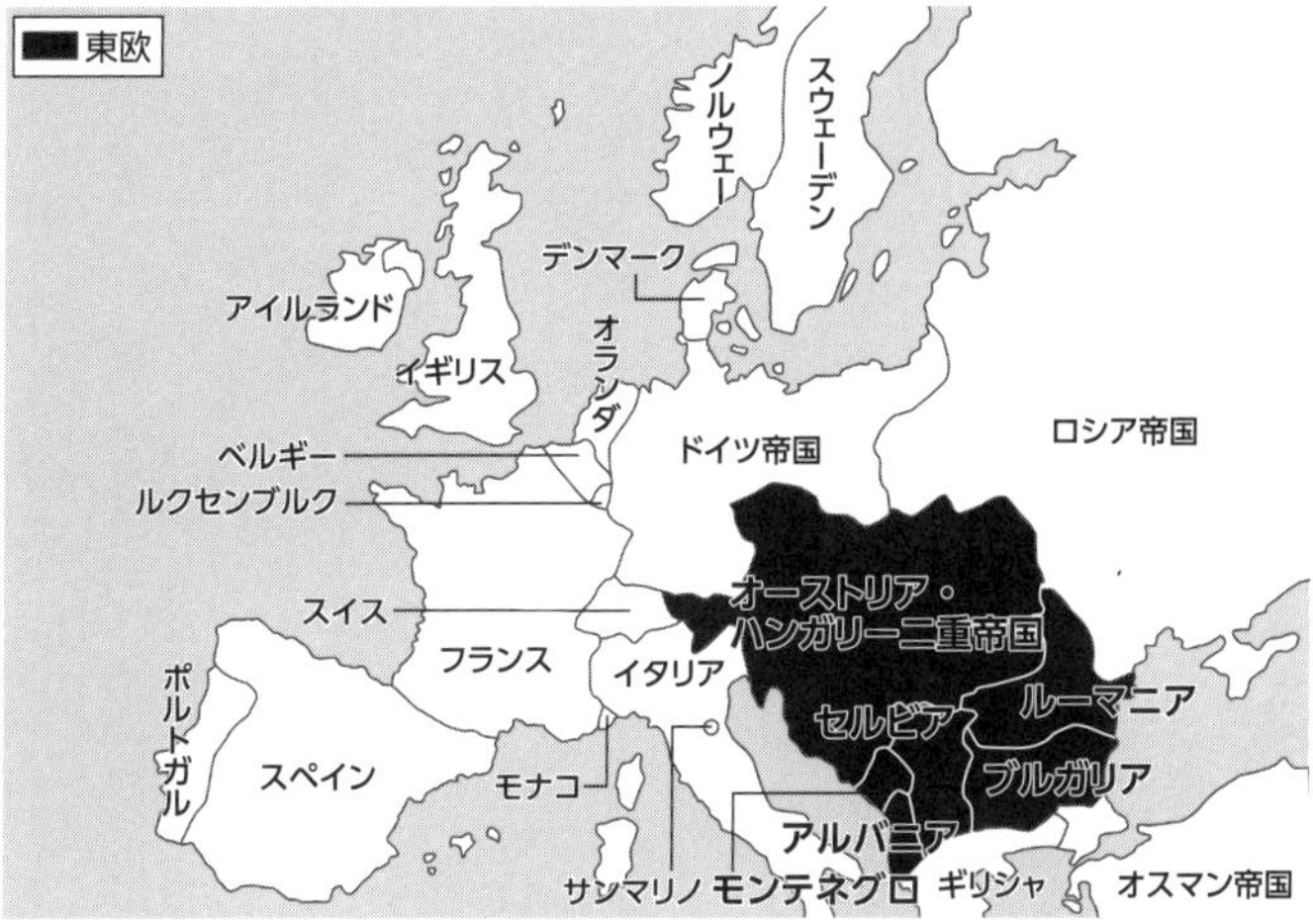

に宣戦布告をしました。ここから、第一次世界大戦がはじまります。

戦争の主役である中央同盟（ドイツ、オーストリア、ブルガリア、オスマン帝国）は、三国協商（イギリス、フランス、ロシア）に包囲される位置関係にありました。ふたつのグループに囲まれた東欧は戦場となり、砲火《ほうか》にさらされます。

東部戦線の主戦場となったウクライナ地方は、ロシア帝国とオーストリア・ハンガリー二重帝国の支配下にありました。第一次世界大戦がはじまると、この地はドイツ軍とロシア軍が激突する場所となりました。

1914年、現在のポーランド北部のタンネンベルクの戦いでロシア軍が敗れ、ポーランドやガリツィア（ウクライナ北西部）は、ドイツ軍に占領されました。

また、第一次世界大戦でとくに複雑な状況に置かれたのは、ポーランドでした。18世紀末からロシア、プロイセン（ドイツ）、オーストリアの三国によって分割統治されており、ポーランド人は戦争を機に独立を回復しようと考えます。

開戦当初、ポーランド人の協力を得るため、まずロシアが独立を約束する声明を発表しました。これに対し、ドイツとオーストリアは、1916年にポーランド摂政政府をつくります。ポーランド人を味方につけ、ロシアと戦わせようと考えたのです。

自治か三重帝国か

第一次世界大戦が起こった当時、チェコ人はオーストリアの支配下にあり、スロバキア人はハンガリーの支配下にありました。そのため、戦場でロシア軍に囚《とら》われたチェコ人やスロバキア人の捕虜は、ドイツ軍との戦いに駆《か》り出されました。

チェコでは独立よりも、二重帝国内での自治権の拡大、あるいはドイツ人、ハンガリー人、チェコ人の平等な連邦（三重帝国）をめざす意見が多数派でした。スロバキアも独自の民族意識がありましたが、戦時下での混乱を避《さ》けるため、独立には消極的でした。こうしたなか、モラヴィア出身の議員マサリクは、民族ごとの独立ではなく、チェコ人とスロバキア人の連合を考えます。

マサリクは国外へ出てイギリスやフランスに協力を求める一方、チェコ人やスロバキア人とも交流して、支持者を増やしていきました。

1915年、アメリカにいたチェコ人とスロバキア人の移民たちは、連邦国家であるチェコスロバキアを創設することを支持し、多くの資金援助を行いました。チェコ国内でも、議会で国民委員会が結成され、新国家建設への動きは広がっていきました。

そのころ、バルカンでは？

開戦のきっかけとなったバルカン半島の情勢は複雑でした。オスマン帝国は中央同盟の一員として、黒海とエーゲ海をつなぐダーダネルス海峡とボスポラス海峡を封鎖《ふうさ》したので、三国協商側は黒海周辺の輸送や海での戦いで苦しみます。

第一次バルカン戦争で独立したアルバニアは、ドイツ人のヴィート公を君主とするアルバニア公国となっていましたが、ヴィート公は国外にのがれました。

第二次バルカン戦争での失地《しっち》回復をはかるブルガリアは、開戦前に中央同盟からセルビア領マケドニアの獲得を提示され、三国協商からはトラキアやマケドニアの一部を提示されました。国王のフェルディナントは中央同盟につくことを選び、1915年10月に参戦してセルビア、モンテネグロを破り、領土を拡大しました。

一方のルーマニアは当初、中立の立場をとります。しかし、中央同盟はロシア領だったベッサラビアを割譲すると示し、三国協商はオーストリア・ハンガリー二重帝国領だったトランシルバニアなどを割譲すると提示します。結局、ルーマニアは1916年8月に三国協商に加わります。ところが、3カ月後、ルーマニア軍はドイツ軍とブルガリア軍に敗れ、首都ブカレストを占領されます。

ロシアで社会主義政権が誕生

戦争が長期化すると、多くの国ぐにで人びとの生活は困窮しました。とくにロシアは

20世紀はじめのロシア国内の政党

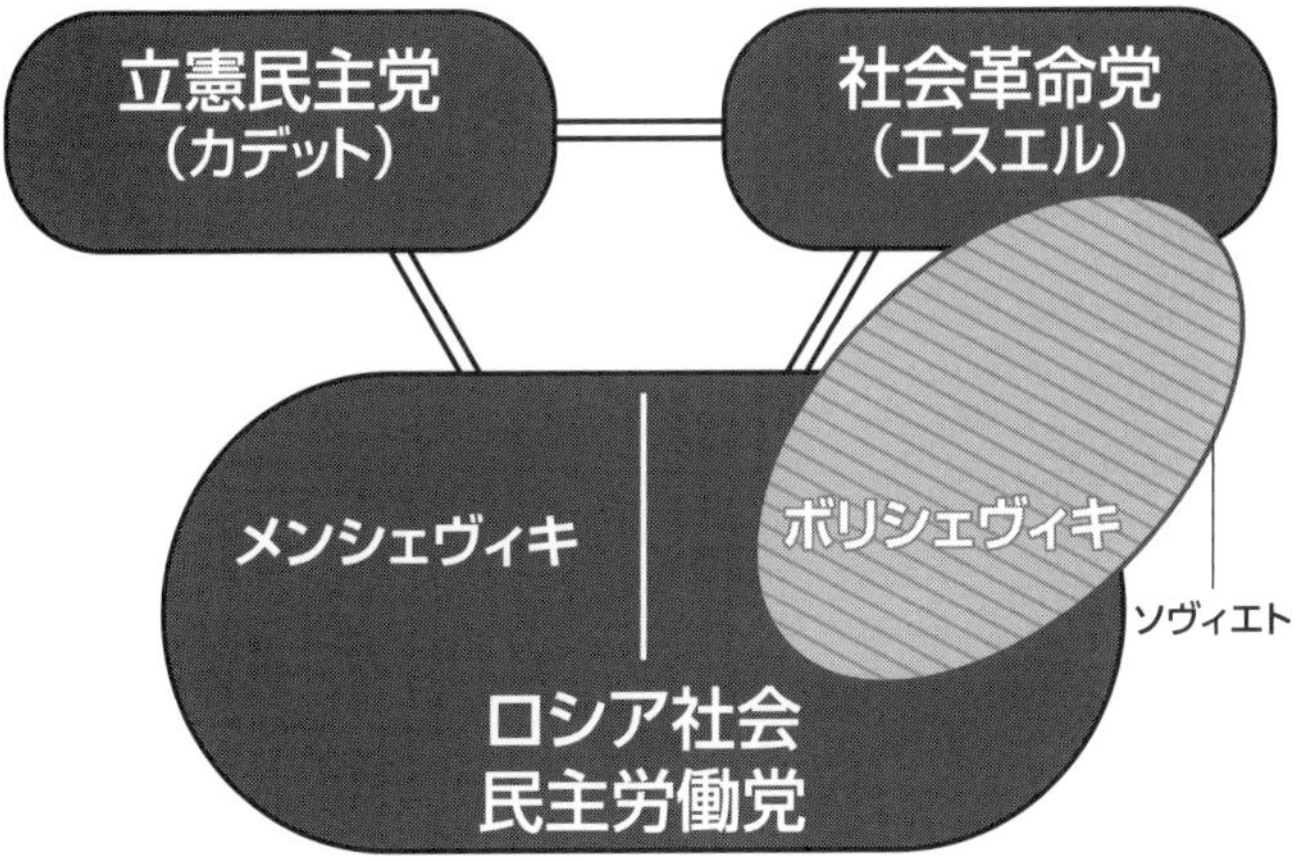

事態が深刻で、首都ペテログラードでは民衆の大暴動が起こり、1917年2月23日(ロシア暦《れき》)、皇帝ニコライ2世は退位して帝政は崩壊しました(ロシア二月革命)。

当時のロシアには、自由主義的な立憲民主党(カデット)と、社会主義的な社会革命党(エスエル)、ロシア社会民主労働党がありました。革命後の臨時政府には、カデットとエスエル、ロシア社会民主労働党のメンシェヴィキが参加しますが、急進派のボリシェヴィキを中心とするソヴィエト(議会)と主導権を争います。

ボリシェヴィキの指導者レーニンは、戦争の即時停止と、労働者や兵士によるソヴィエトへの権力集中を訴えました。そして1917年10月25日、ボリシェヴィキは臨時政府を倒し、新政府を樹立します（ロシア十月革命）。

ところが、ボリシェヴィキは選挙で議会の多数を占めることができず、武力で議会を閉鎖《へいさ》し、ほかの政党をすべて禁止し、一党独裁の体制を築きます。1918年3月にボリシェヴィキはロシア共産党と改称し、社会主義政権が誕生しました。

革命後のウクライナ

ロシアで1917年に二月革命が起こると、これに乗《じょう》じてウクライナは独立に動きます。3月4日、キエフ（キーウ）で中央ラーダ（議会）が組織されました。戦時下でロシアが弱っているなか、国外へのがれていたウクライナの知識人たちは帰国します。

4月には独立派による全ウクライナ国民大会が開かれ、名誉議長に選ばれたフルシェフスキーを中心とする政治機関が成立しました。中央ラーダは自治を要求しますが、ロシアの臨時政府はこれを認めず、両者の対立は決定的になりました。

対立の続くなか、中央ラーダは、学校教育でウクライナ語を使ったり、ウクライナの歴史を教えたりして、人びとにウクライナ人としての意識を広めていきました。

一方の臨時政府も、ウクライナの教育関係者をペトログラード（レニングラード）に呼び出すなど、圧力を強めていきます。十月革命でロシアの指導者となったレーニンも、ウクライナの独立は認めない立場であり、ウクライナに軍を送りました。

キエフでは、ロシアの2月以降に臨時政府が指揮した軍管区司令部、中央ラーダとその軍事部門、そしてレーニンを支持する労働者・兵士が集まったボリシェヴィキの革命委員会という3つの勢力が対立しました。

10月28日、まず臨時政府の指揮下にあった軍管区司令部とボリシェヴィキが衝突しました。中央ラーダはボリシェヴィキについて、臨時政府を支持する軍管区

司令部軍を打ち破りました。

軍事力で勝る中央ラーダは、キエフ以外の各都市でも支持を集め、11月7日、ウクライナ人民共和国の創設を宣言します。当時はロシアに正式な政府がなかったことから、反対もなく、この宣言によって独立国家となれたのです。

ウクライナは近代国家

ウクライナ人民共和国は、1917年11月の宣言と同時に国家の基本原則を発表します。ロシアで認められていなかった言論の自由、出版の自由、信条の自由、集会やストライキの自由がいずれも認められることになりました。

また、国家は個人のさまざまな選択に口を挟むことはできず、少数民族にも自治権が認められました。ウクライナは、西欧の国のようになったのです。

積極的な国家運営を進める中央ラーダに対し、イギリスやフランスは、ウクライナがロシアとは別個に単独でドイツやオーストリアと停戦して、敵に回ることを防ぐためキエフに外交使節を送りました。

ただ、十月革命でロシアの実権を握ったボリシェヴィキは、穀物や石炭、金属などが豊富なウクライナの独立を認めず、1917年12月11日に、東部のハリコフ（ハルキウ）で親ロシアのウクライナ・ソヴィエト政府の成立を宣言します。

翌年1月、中央ラーダは世界に向けて、ウクライナはソヴィエト共和国に加わらず、独立国であることを改めて宣言しました。このことからボリシェヴィキ軍がキエフに侵攻し、1月14日と15日に起こった戦いでキエフは占領されました。中央ラーダがキエフを離《はな》れると、1月28日にキエフでウクライナ・ソヴィエト政府の樹立が宣言されます。

しかし中央ラーダは、この1日前にドイツやオーストリアと講和条約を結んでいました。ドイツ、オーストリア軍の支援を得たウクライナ軍は、勢力を立て直しふたたびボリシェヴィキとの戦闘をはじめます。ここからソ連・ウクライナ戦争がはじまります。

2週間でキエフを奪い返し、ボリシェヴィキ軍を追い出した中央ラーダは、3月にフルシェフスキーを初代大統領に選出しました。

なお、ドイツがウクライナを助けた理由は、穀物をはじめとする資源が目当《めあ》てでした。すぐにドイツが軍事的な圧力をかけて政治に口を出すようになり、4月29日に中央ラーダは閉鎖に追いやられました。そして同日、ドイツを後《うし》ろ盾《だて》とするヘーチマン・スコロパツキー政権が誕生。ウクライナの農村では、反ドイツの感情が高まりました。

しかし1918年11月、ドイツが降伏すると、ヘーチマン政権は崩壊し、ウクライナ人民共和国が復活しました。

西ウクライナの場合

さて、ここまでは、おもに中央部から東部のウクライナでの話です。第一次世界大戦前にオーストリアの支配下にあった西ウクライナでは、別の動きがありました。

1918年にオーストリア・ハンガリー二重帝国が崩壊すると、この地域でも独立への機運が高まります。このとき、西ウクライナの独立に反対したのは、ポーランドでした。重要都市リヴィウを中心とする西ウクライナには、独立をめざす勢力とオーストリア領からポーランド領への復帰をめざすポーランド人が住んでいました。第一次世界大戦後、独立をめざす勢力はポーランド人と戦って敗れます。その後、ポーランド人がソヴィエト勢力と戦って勝利し、西ウクライナはポーランド領となりました。

バルトも独立

バルト海沿岸でも、ロシア十月革命のあとは独立をめぐる動きがはげしくなります。まず、エストニアとラトビアには、ボリシェヴィキが独裁政権をつくります。

エストニア人はそもそも独立でなく自治を望んでいましたが、ボリシェヴィキの独裁に反発して完全独立をめざすようになり、ドイツ軍の支援を受けてソヴィエト勢力を排除《はい》除《じょ》。1918年2月24日、エストニア人の独立共和国の成立を宣言しました。

ところが、ドイツ軍が撤退するとふたたびソヴィエト軍が侵攻し、それに対抗するためエストニア国軍が組織されます。フィンランドの支援を受けてソヴィエト軍と戦い、1920年2月、ついに独立を果たしました。

そのころ、日本では？

1918（大正《たいしょう》7）年3月7日、松下幸之助《まつしたこうのすけ》が大阪市北区に松下電気器具製作所（現在のパナソニックホールディングス）を創立しました。電球用ソケットの製造販売からはじまったこの会社は、松下の創意工夫によって発展を続け、やがて日本を代表する電機メーカーとなりました。

ドイツ領とロシア領が存在したラトビアでは、ラトビアの民族政権、ロシアのボリシェヴィキ政権、ドイツ人政権が並び立つ状態となり、最終的にラトビアの民族政権がボリシェヴィキとドイツ人政権に勝利して、1918年11月に独立宣言が発表されました。

リトアニアでは、リトアニア臨時評議会（タリバ）が1917年11月にロシアからの離脱《りだつ》を宣言し、翌年2月に独立回復を宣言しました。ただし、ドイツ軍が残っていたため、実質はドイツの占領下に等しい状態でした。その後、ドイツで革命が起こったためリトアニアは共和国として独立を果たします。

戦争が終わったら？

ロシア革命の直後から、各国のリーダーたちは「戦後の世界をどうするか」について表明しはじめます。最初にそれを示したのは、レーニンでした。

十月革命の翌月、レーニンは「無賠償・無併合、民族自決の原則」を発表しました。これは、戦争が終わっても戦争相手国や敗戦国に対して賠償《ばいしょう》を求めず、どこの国も併合せず、各民族がそれぞれに自立した国家をつくり、政治を行っていくことを基本とする、という考え方です。さらにレーニンは、植民地を解放して、民族の独立を広く認めるべきだと主張しました。

第一次世界大戦末期に三国協商側で参戦したアメリカ合衆国の大統領ウィルソンは、1918年1月に「14カ条の平和原則」を発表しました。これは、植民地問題の解決と民族自決などを呼びかけるものでした。ウィルソンの主張は、レーニンとよく似ていましたが、イギリスやフランスとの関係を悪化させないように、敵対するドイツやオスマン帝国に対して植民地を解放するよう求める内容でした。

国としてまとまることがむずかしかった東欧の国ぐににとって、民族自決は歓迎すべきことでしたが、民族が複雑に分布していたため、解決できない問題もありました。

革命の連鎖

アメリカの参戦後、中央同盟側は追い込まれていきます。1918年9月、まずブルガリアが三国協商を中心とした連合国側に降伏《こうふく》しました。続いて10月にはオスマン帝国が降伏し、11月にはドイツとオーストリア・ハンガリー二重帝国も降伏します。

ロシア革命の影響はドイツとオーストリア・ハンガリー二重帝国にもおよび、敗戦で権威を失ったドイツ皇帝ヴィルヘルム2世とオーストリア皇帝カール1世は、相次《あいつ》いで退位に追い込まれました。かくして、ドイツ帝国とオーストリア・ハンガリー二重帝国は崩壊し、両国の支配下にあった東欧の諸民族に独立の機会がおとずれます。

1919年10月17日、オーストリア・ハンガリー二重帝国の憲法制定議会は、サン・ジェルマン条約に加わりました。これにより、オーストリアから、ハンガリー、チェコスロバキアの分離が決定します。

さらに、セルビアとモンテネグロにボスニア・ヘルツェゴビナ、スロベニア、クロアチアを加えたセルブ・クロアト・スロベーヌ王国が建設されることになります。ポーランドも再度の独立を認められ、ガリツィア（ウクライナの一部）が割譲され、ルーマニアにはトランシルバニア地方が与えられました。

チェコ軍団が活躍

大戦がはじまったころ、チェコ人はオーストリアの支配下にあり、スロバキア人はハンガリーの支配下にありました。そのため、両国はロシアと戦いましたが、チェコ人やスロバキア人の捕虜はロシア帝国によって、ドイツ軍との戦いに駆り出されました。

１９１７年２月にロシアで革命が起こって臨時政府ができると、大戦初期からドイツ軍と戦っていたチェコ軍団はそれに投降《とうこう》しました。同じく投降していたスロバキア人とも合流し、約３万人の兵力になりました。

その後、十月革命でロシアの臨時政府が崩壊すると、チェコ軍団はよりどころがなくなってしまいます。国外に亡命していたマサリクは、チェコ軍団をシベリア経由で帰国させ、ヨーロッパのドイツ戦線に投入しようと考えました。

翌年３月、ドイツとロシア革命政府が休戦すると、チェコ軍団は東へと動きはじめました。その先陣がウラジオストクに着いたころ、連合国はチェコ軍団に対し、ロシア革命勢力と戦うよう指示しました。

このときのチェコ軍団の活躍は目覚ましく、ヴォルガ川流域からシベリア、極東地域まで、広い範囲で戦ったことで、長くオーストリアの支配下にあったチェコ人の存在が、世界に大きくアピールされたのです。

はじめての「チェコスロバキア」

オーストリア・ハンガリー二重帝国が崩壊する直前の1918年10月18日、マサリクは、チェコスロバキアの独立を宣言します。スロバキアでも10月30日にチェコ人との共同国家として独立することが発表され、形式的ながら、チェコスロバキアが成立しました。

ただしこのとき、ハンガリーはスロバキアの独立を認めておらず、国際的にも承認されていません。11月14日、プラハに置かれていたチェコスロバキア政府は、臨時憲法に基づく議会を開き、マサリクが大統領に選出されました。一方的な独立宣言に対し、チェコやモラヴィアに住んでいたドイツ人は帰属す

チェコスロバキアの領土（1919年）

ることを拒否し、オーストリアに併合されることを望みました。オーストリア政府は軍隊を使ってチェコを制圧しますが、国境線は確定されませんでした。

ハンガリー領のままだったスロバキアにもチェコスロバキア政府が軍隊を送って占領しはじめます。ところが、1919年3月にハンガリーで革命が起こり、社会主義政権が成立しました。新政権はスロバキアに軍隊を派遣し、ふたたびスロバキアを占領しました。

このあと、パリ講和会議が開かれ、敗戦国ハンガリーはスロバキアとウクライナ西部からポーランド東部にかけてのルテニア地方を、チェコに割譲することになりました。こうして、チェコスロバキアの領土が確定したのです。

ポーランド分割の後遺症

ロシアやドイツで革命が起こったことで、ポーランドでは分割統治が解消されました。大戦前から独立運動を指導してきた中流貴族のヨゼフ・ピウスツキが中心となって、新国家の体制を整えていきます。ポーランドでは、ピウスツキが国家主席に任命された翌日の１９１８年11月11日を独立記念日としています。

翌年1月、ポーランドではじめての普通選挙が行われ、議会が開かれるようになりました。１９２１年には新憲法も制定されています。

ただし、長く分割統治されていたことから、地域ごとに意見が大きく異なり、統一を維持していくことは容易ではありませんでした。

そのころ、日本では？

多くの犠牲者《ぎせいしゃ》を生んだ第一次世界大戦の反省から、1920（大正9）年に国際連盟が成立しました。同年、日本もこれに正式加入し、常任理事国となります。しかし、日本の大陸進出に加盟国の非難が集中すると、1933（昭和8）年に日本は国際連盟から脱退してしまいました。

ロシア革命後のルーマニア

ロシアで十月革命が起こったあと、中央同盟国のドイツがロシアと講和条約を結んだため、ルーマニアもドイツと講和条約を結び、いったん戦争をストップします。

ところが、ドイツとオーストリアの敗北が見えていた1918年11月、ルーマニアはドイツに宣戦布告します。ほどなく、ルーマニアへの併合を求めるハンガリー領トランシルバニアに軍を進め、併合を宣言します。こうして、ルーマニアはすべりこみで戦勝国となり、戦後にトランシルバニアの領有が認められました。

なお、ルーマニアとロシアの国境線であるプ

ルート川の東方からドニエストル川までのベッサラビア地方も、戦後にルーマニアの領土となりました。1812年以降、この地方はロシアの支配下にありましたが、ロシアの十月革命のあとモルドバ民主共和国が成立し、1918年にはソヴィエト共和国からの独立を宣言していました。モルドバ議会はルーマニアとの統一を望んだため、ルーマニアがモルドバを併合したのです。

トランシルバニアやベッサラビアなど多くの領土を得たルーマニアの国土は、戦争前の2・5倍に広がり、人口も3倍になりました。

国名に矛盾が

サン・ジェルマン条約に先駆《さきが》けて、1918年12月1日にセルブ・クロアト・スロベーヌ王国（のちのユーゴスラビア王国）の成立が宣言されます。この国は、南スラブ人の単一民族国家とされました。初代の国王はセルビア人のアレクサンダルになります。

ただし、そもそも主要な3つの民族が国名に入っていることからして矛盾《むじゅん》が生《しょう》じています。ほかにもドイツ人、ハンガリー人、マケドニア人、アルバニア人などの民族がいて、言語や宗教などもバラバラでした。同じセルビア人であっても地域によって歴史や文化が異なり、国としてまとまるのは最初から困難だったのです。なお、マケドニア地方も、コソボと呼び名を変えて、編入されました。

ウクライナはソヴィエト社会主義共和国に

独立を果たしたウクライナですが、1919年の後半になると、豊富な資源を狙う周辺国から攻められ、危機を迎えます。

西はポーランド軍、北はロシア共産党軍、南東から白軍（皇帝の支持者などロシア内の反ロシア共産党勢力）、南西からルーマニア軍、そして南はフランス軍がそれぞれ侵入し、あちこちで戦闘が勃発《ぼっぱつ》しました。攻めてくる各国軍の対立があったことから崩壊はまぬかれたものの、政治や社会は大混乱となります。

政府内では、ポーランドやロシア、フランスとの関係をどうするか、国家体制をどう立て直していくかなどの意見がまとまらず、リーダーも不在でした。

ロシア共産党は、ウクライナに一定の自治権を与え、ロシアと同等の社会主義国として存続させることを図り、1919年1月にウクライナ・ソヴィエト社会主義共和国が成立しました。ほかにもロシア各地に複数の社会主義共和国が成立し、それらが合体して1922年にソヴィエト社会主義共和国連邦（ソ連）となります。

なお、ウクライナでは同年、戦争の痛手と革命後の内紛に加えて伝染病のチフスが大流行して100万人が死亡するなど、悲惨な状況が続きました。

ベラルーシの誕生

ウクライナと同時に成立したソヴィエト社会主義共和国の代表格として、ベラルーシがあります。

ベラルーシ人は東スラブ人にふくまれますが、中世以来リトアニア（16世紀以降はポーランド・リトアニア連合王国）の一部に組み込まれていました。18世紀末にポーランド分割でこの地域はロシア領となっており、ベラルーシという地域名は19世紀になると使用が認められず、単にロシアの北西地方と呼ばれていました。

第一次世界大戦前には、周辺国と同じようにベラルーシ人もロシア人とはちがうという意識を持ち、1903年にはじめての政党であるベラルーシ社会主義会議が誕生しています。しかし、ロシアの十月革命のあと、ボリシェヴィキ政府はベラルーシ社会主義会議の存在を無視したため、独立への意識がさらに強まっていました。

第一次世界大戦で苦戦していたロシアでの革命による混乱とドイツ軍による占領のなか、1918年3月にベラルーシ社会主義会議の活動家が、ベラルーシ人民共和国の独立を宣言します。この国は、リトアニアやウクライナなどに承認されました。ただし、この国にはポーランド人やドイツ人が居住していたり、憲法や軍隊が存在しなかったりと、国家の体をなしていませんでした。

そして1918年の末、ドイツ軍が中央部のミンスクに軍を進めると、ベラルーシ社会主義会議の活動家が国外に逃げ、国としての機能を果たすことなく滅亡しました。

このあと、ドイツが第一次世界大戦に敗れ、ボリシェヴィキがベラルーシに軍を送ったことで、新たな国家体制がつくられ、1919年1月にベラルーシ・ソヴィエト社会主義共和国の成立が宣言されました。そして1922年、ソヴィエト社会主義共和国連邦（ソ連）を構成する共和国の一員となるのです。

ひみつコラム

東欧ならではの食材と名物料理

豊かな自然と長い歴史に育まれた食文化

ウクライナ名物の赤いシチューであるボルシチは、寒冷な気候で栽培《さいばい》できる赤カブを使います。隣のポーランドやロシア、バルト三国でもよく食べられています。そのほかの具材は牛肉、鶏肉《とりにく》、キャベツ、ニンジン、豆などさまざまです。

内陸国のチェコは肉料理がメインですが、ヴルタヴァ川（モルダウ）の流域では淡水《たんすい》魚《ぎょ》のコイを使った料理も人気があります。コイのフライやコイのスープは、クリスマスの定番メニューとなっています。

大平原が広がるハンガリーは、牧畜《ぼくちく》がさかんで、牛や豚《ぶた》の肉、野菜を煮込《にこ》むグヤーシュという料理がよく知られています。とくに、色あざやかな100種類以上ものパプリカを香辛料として使うのが特徴です。ハンガリーと隣のクロアチアでも、パプリカを使った肉料理がよく食べられています。

① コイのフライ（チェコ）

② パプリカ（ハンガリーなど）

③ ムサカ（ブルガリアなど）

④ サルマーレ（ルーマニア）

一方、アドリア海に面する沿岸部では、魚介類が素材として使われ、とくにレモン汁をかけて食べる生ガキは特産品です。

ブルガリアなどでよく食べられているムサカは、野菜、ひき肉、マッシュポテトなどを重ねて焼いた料理です。

15世紀以降、この地を支配したオスマン帝国で食べられていた料理が発展したものです。

ルーマニアでは、ひき肉をキャベツで包んで煮こんだサルマーレが定番料理です。保存のため酢《す》漬《づ》けにしたキャベツを使うので、酸味がきいています。

スロバキアには、すり下ろしたり茹《ゆ》でたりしたじゃがいもに、小麦粉やチーズとまぜたものをアレンジする料理が多くあります。

知れば知るほどおもしろい東欧の偉人⑤

20世紀の東欧を代表する小説家

フランツ・カフカ

Franz Kafka

1883〜1924年

死後に評価された不思議な作風

チェコがオーストリア・ハンガリー二重帝国に支配されていた時代、プラハでユダヤ系の家庭に生まれました。プラハ大学で法律学を学んだのち、1908年から労働者傷害保険協会の職員として働きつつ、小説を発表します。

家族と暮らす青年が巨大な虫になってしまう『変身』、奇妙な機械による処刑を描いた『流刑地にて』、測量士が目的地の城に入れず困惑しつづける『城』など、不条理な展開でありながら淡々とした作風が特徴です。結核のため40歳で世を去りますが、死後に多くの遺稿《いこう》が発表され、国際的に注目されました。

作品はチェコ語ではなく、オーストリアの公用語であるドイツ語で書かれましたが、このためドイツ語圏の多くの人びとに読まれています。オーストリアとチェコにはそれぞれフランツ・カフカ文学賞があり、2006年には日本の村上春樹がチェコで受賞しました。

chapter 6

第二次世界大戦

東欧は防波堤とすべし

第一次世界大戦の結果、東欧の国ぐにでは、ほぼ今日にいたる国家・国境が決まりました。オーストリアは領土を失い、ルーマニアは領土を拡大します。南スラブ地方の諸民族が集まってセルブ・クロアト・スロベーヌ王国という大きな国が誕生し、ポーランドとロシアの国境は新たに定められました。

こうしたなかで、1922年にロシア共産党がウクライナやベラルーシなど複数の社会主義ソヴィエト共和国をまとめる形でソヴィエト連邦（ソ連）が成立しました。アメリカやイギリスをはじめとする資本主義国はソ連を警戒し、社会主義の広がりを食い止めるために東欧の国ぐにを防波堤《ぼうはてい》としようと考えます。

一方のソ連は、社会主義体制を確立させるため、東欧にも社会主義国を誕生させようと考えていました。

こうした対立構図のなかで、第一次世界大戦後に東欧で新しく誕生した国ぐにでは、新国家間の国境問題や少数民族の差別《さべつ》などをめぐる問題がつぎつぎと起こります。

133日で消えた共和国

ハンガリーでは、1918年10月に貴族のカーロイ・ミハーイを中心に国民評議会が結成されました。カーロイは11月にハンガリーの元首となりますが、国内の少数民族が分離や独立を求めたり、農民が土地の分配を要求したりと、反政府デモが相次ぎます。

こうしたなか、クン・ベラの指導する共産党が勢力を伸ばし、翌年3月の選挙で政権の座《ざ》に就《つ》き、ハンガリー・タナーチ共和国が成立しました。タナーチは、ロシア語のソヴィエトと同じ「評議会」を意味します。共産党は産業の国有化や農地の公有化を進めようとしましたが、地主や資本家の反対で成功しませんでした。

一方、近隣のチェコスロバキアやルーマニアは、自国内のハンガリー人が共産政権に同調することを恐れ、1919年4月にハンガリーに攻め込みます。結局、共産党は政権を手放《てばな》し、ハンガリー・タナーチ共和国は、わずか133日で崩壊しました。

1920年3月にはハンガリー王国が復活しましたが、国王は置かれず、二重帝国時代の海軍提督《ていとく》だったホルティーが摂政として政府の主導権を握ります。その後、連合国との条約によって、ハンガリーのトランシルバニア地方はルーマニアへ、南部はセルブ・クロアト・スロベーヌ王国へ、スロバキアはチェコスロバキアへ譲られました。

ホルティー政権は、自分に批判的な勢力をきびしく弾圧しましたが、経済は安定していました。やがて、ハンガリーでは敗戦後の国の権威と領土を取り戻すため、オーストリア最後の皇帝カールをハンガリー王として復位させる動きが出てきます。

ハンガリーに対抗しよう

新国家チェコスロバキアの外務大臣ベネシュは、隣接するハンガリーの動きに危機感を抱き、セルブ・クロアト・スロベーヌ王国およびルーマニアと同盟を結ぼうとしました。ところが、セルブ・クロアト・スロベーヌ王国はイタリアとの領土問題で忙《いそが》しく、ソ連との関係を悪化させたくないルーマニアは慎重になり、実現しませんでした。

1920年にハンガリー王国の復活が宣言されると、チェコスロバキアとセルブ・クロアト・スロベーヌ王国の間に相互援助条約が結ばれました。翌年3月、両国は戦争も辞さないという強硬な姿勢で、オーストリア皇帝だったカールの国王復位に反対します。

縮小されたハンガリー王国の領土（1920年）

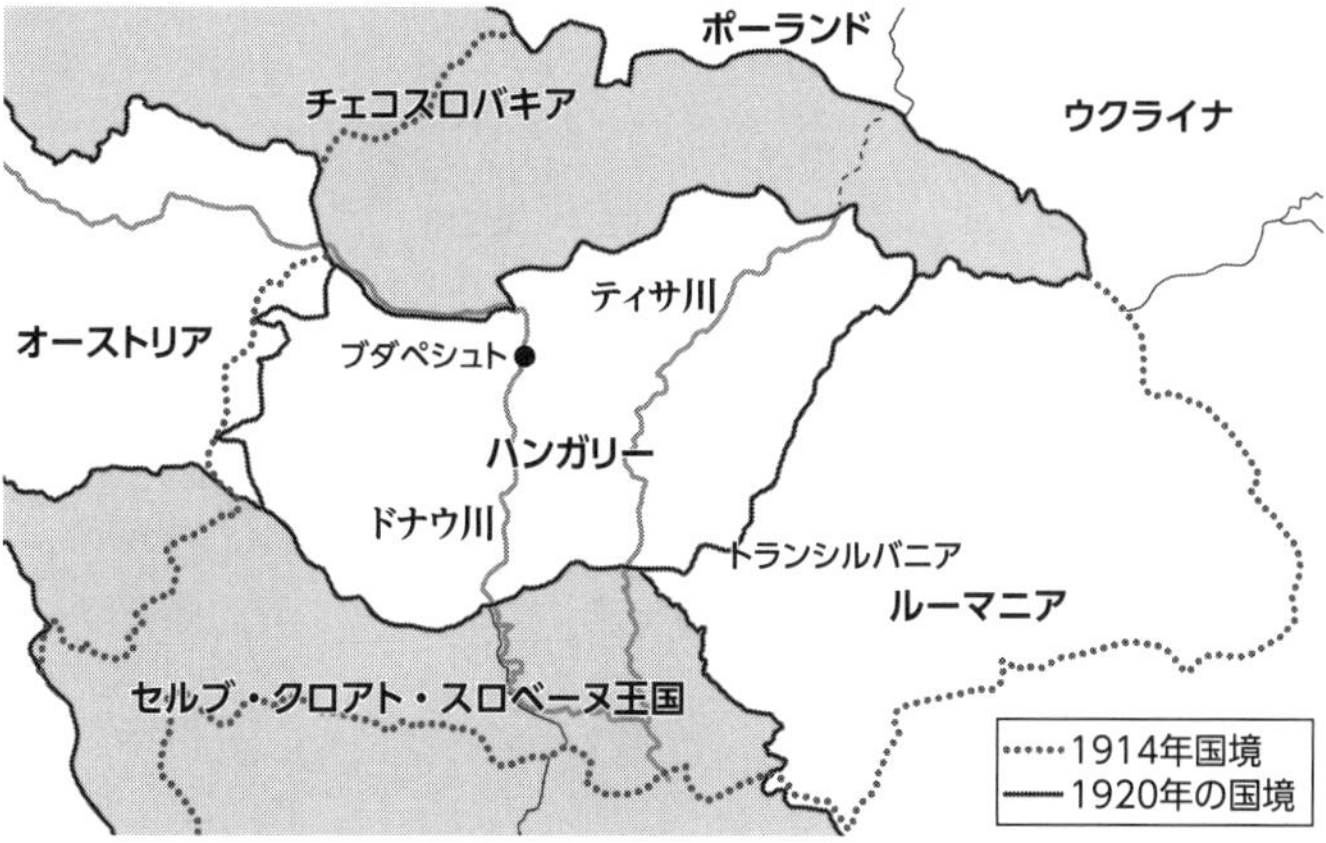

この後、チェコスロバキアとルーマニア、ルーマニアとセルブ・クロアト・スロベーヌ王国の間に、それぞれ相互援助条約が結ばれ、三国の結びつきは小協商と呼ばれました。

ポーランドは、1920年4月からウクライナ地方の国境をめぐってロシアと戦争に突入します。翌年3月にロシアとの間で講和条約が結ばれ、いったん問題は解決しました。なお、このときポーランドは、ベラルーシの西部を領土として譲り受けました。

その後、ポーランドと小協商は、ハンガリーやソ連に対抗するため接近します。また、ポーランドは西で国境を接するドイツとも貿易を通じて協力関係を深め、戦後の復興を進めていきました。小協商はフランスとも同盟を結び、第一次世界大戦で決まったヴェルサイユ体制の維持につとめました。

ポーランドは小政党だらけ

ソ連とポーランドの領土紛争が終結する直前、ポーランドで憲法が制定されます。フランス憲法をモデルとし、共和制が採用され、行政、司法、立法がそれぞれ独立する三権分立、上院と下院による二院制が定められました。

この憲法をもとに1925年に行われた選挙では、92もの政党が候補者を立て、そのうち30あまりの政党が議席を獲得します。まさに多数の地域、民族がそれぞれの権利を主張したのです。

当時、ポーランドではおもに東部の地主階級が政治的にも社会的にも力を持っており、農民と対立していました。そのため、農民に土地を分配するなどの改革は進みませんでした。農民の多くは非ポーランド人で、ポーランド人の地主に不満を持つこともあり、民族問題ともなっていました。

また同年、最大の貿易相手国だったドイツと関税をめぐって対立し、農産物の輸出量が減少します。このため地主も収入が減り、経済危機が訪れました。

小政党が群立する状況で国としての政策が打ち出せないことから、ポーランド人は強力な指導者の登場を期待します。そして1926年5月、独立直後にソ連との戦争を指揮したピウスツキが、クーデターで首相となります。

ただし、ピウスツキはどういう政治をするのか考えておらず、議会を無視し、労働者の意見にも耳を傾《かたむ》けず、集会や結社の自由も制限して、独裁政治をはじめました。

チェコスロバキア人という考え方

独立後のチェコスロバキア政府は、チェコ人でもスロバキア人でもない「チェコスロバキア人」という意識を広め、

そのころ、日本では？

1926（大正15）年5月24日、北海道の十勝岳《とかちだけ》が大噴火《だいふんか》を起こしました。この噴火により、のちに「大正泥流」と呼ばれた大規模な融雪《ゆうせつ》型火山泥流が発生し、144人もの死者・行方不明者がでます。十勝岳では過去3500年間で、同様の泥流が少なくとも11回発生しています。

国家の統一を図ろうとしました。しかし、実際には商工業の発達したチェコが政治の主導権を握り、スロバキア人は、自治権や自分たちの権利を代表する政党がなく、不満を抱いていました。

また、議会の議員はチェコ人とスロバキア人に限られ、ドイツ人など国内の他民族の意見も無視されました。ただ、経済が好調であったことや大統領の権限が制限されていたことで、多くの問題を抱えていたにもかかわらず、チェコスロバキアの政治は安定しました。大統領のマサリクは、主要政党の意見を取り入れ、国民の不満をうまく解消していきます。

ユーゴスラビア誕生

1918年に成立したセルブ・クロアト・スロベーヌ王国は、国王アレクサンダルを頂点《ちょうてん》とし、セルビア人のエリートが政権の中枢《ちゅうすう》を占めていました。そのため、連邦制を主張するクロアチア人がセルビア人に反発して議会を欠席すると、セルビア人が勝手に法律を採決《さいけつ》するという悪循環に陥っていました。

1928年には、議会内でセルビア人議員がクロアチア人議員を殺傷《さっしょう》する事件が起こり、アレクサンダルは議会を解散しました。この後、アレクサンダルは、民族主義的な政党を禁止します。さらに1929年、主要3民族以外の少数民族がいることも考慮して国名をユーゴスラビア（南スラブの国）と改めました。

独裁を強めていったアレクサンダルは、1934年にフランスでクロアチア人過激派に暗殺されます。次の国王ペータル2世の即位後、摂政のパグレがクロアチア州の自治を認めるなど譲歩《じょうほ》の姿勢をみせますが、国の混乱は続きました。

政党が国王を操る

第一次世界大戦の結果、トランシルバニア地方などを獲得したルーマニアは、国内にさまざまな民族を抱え込むことになりました。1919年の選挙では、トランシルバニアのルーマニア人を支持基盤にするルーマニア国民党と農民党が議席を伸《の》ばして連立政権を組み、土地改革を進めようとします。

ところが、地主たちの反対の声が国王フェルディナントに届き、圧力がかけられた連立政権は崩壊しました。

その後、資本家に支持された自由党が、1923年の憲法で国王の権限を広く認めて中央集権化を図りました。さらに3年後、選挙で40パーセントの票を得た政党に議席の7割を配分する法律が成立します。

独裁者が国民の権利や自由を制限し、警察や軍隊などの暴力に頼《たよ》った政治を進めることを全体主義といいますが、ルーマニアでは国王を操る自由党が全体主義化を進めていきました。

独裁、独裁

第一次世界大戦で敗戦国になったブルガリアは、悲惨な状況に陥っていました。戦時中から戦費を調達するために高い税を納めさせられるなど、国民は生活に困っていました。加えて、戦後に領土を失ったことで、戦争に敗れた失望感が広がっていました。

1919年、農民を中心とした社会の実現をめざす農民同盟という組織が政権を取り、農地改革をはじめます。ところが、資本家を中心とする勢力や共産党を敵に回すことになり、軍部も巻き込んだクーデターが起こって崩壊しました。

この後、資本家を中心とする民主同盟が誕生しますが、反共産主義を主張するだけで、具体的な政治の方向性を示

そのころ、日本では？

日本では1923（大正12）年9月1日午前11時58分、関東大震災が発生します。マグニチュード7.9と推定される大地震で、南関東から東海地域におよぶ広範囲に被害をもたらしました。昼食の時間と重なったため、多くの火災が起こり、死者は10万人以上にのぼりました。

することはできませんでした。その結果、軍部を後ろ盾とする国王が、独裁政治を行うようになります。

独裁政治は、ユーゴスラビアの南西にあるアルバニアでもはじまります。戦争中、アルバニアはイタリアに占領されていましたが、戦後は分割されることなく存続しました。1920年に最初の議会が開かれ、2年後にはイスラム教徒で大地主だった軍司令官ゾグが首相になります。ところが1923年の選挙でゾグの率いる勢力は勝利できず、反ゾグ派のクーデターが起こります。いったんユーゴスラビアにのがれたゾグは、翌年兵を率いて帰国して反対勢力を倒し、1925年に大統領に就任しました。

大統領に就任するまでの間に、ゾグはイタリアで広がっていたファシズム（全体主義）を学びました。ゾグはこの思想をもとに、軍隊や警察などの力を使って反対勢力を押さえこみ、1928年には憲法を改正して、みずから国王として君臨しました。

一国社会主義か世界革命か

東欧各国が新しい国づくりに進むなか、1921年にソヴィエト政府は一時的に私企業の営業や農産物の自由売買を認める新経済政策（NEP）を導入し、経済を立て直します。

1924年にレーニンが死ぬと、指導者の座を継いだ書記長スターリンは、ソ連が他国に頼らず単独で社会主義を進める「一国社会主義」を唱えました。

一方、革命軍を指導したトロツキーは、ほかの国ぐににも社会主義革命を起こすべきだという「世界革命論」を唱えて衝突します。結局、トロツキーは1927年に追放されました。

以降、スターリンは自分に敵対的な人物を次々と逮捕・処刑して独裁体制を固めます。

東欧にも世界恐慌の波が！

1920年代の世界経済は、アメリカの財政支援

によって世界各地で産業の復興が図られ、順調に回復していきました。

ところが、1929年10月24日、アメリカのウォール街で株式相場の大暴落が起こります（暗黒の木曜日）。これを機に、アメリカはヨーロッパに投資していた資本の回収をはじめました。せっかく立ち直っていたヨーロッパ経済は大混乱となります。

先進国の購買力が落ちたため、東欧もふくめた後進国は穀物などの輸出先を失い、恐《きょう》慌《こう》といわれる大不況に陥りました。

ドイツでは、第一次世界大戦後に戦勝国が領土の分割や巨額の賠償金を科したヴェルサイユ条約体制への不満が高まり、その打破を唱えるナチス党が台頭します。

フランスとソ連がまさかの不可侵条約

一方、ソ連は世界恐慌のはじまった1929年から、国家的に工業化をはかる第一次五カ年計画を進め、鉄鋼、石油、電力などの分野が大きく発展しました。

また、農業は集団化が進められ、ソフホーズ（国営農場）やコルホーズ（集団農場）が増えていきました。集団化の影響で富裕な自営農民は土地を奪われてシベリアなどへ追放され、農民の生産意欲は低下して食糧不足になりました。

国際的に孤立していたソ連は、同じく孤立状態にあったドイツと1922年にラパロ条約を結びます。ドイツを警戒するフランスも、1932年にソ連と不可侵条約を結びました。このころ東アジアでは、日本がソ連と隣接する満洲《まんしゅう》（中国東北部）の実権を握って軍備を拡大していたので、ソ連はドイツやフランスとの友好関係を望んだのです。

そして、東欧はどうなる？

ドイツとソ連に国境を接するポーランドは、自衛《じえい》のため1932年にソ連と不可侵条約を結びました。さらに、ドイツに対抗するためフランスとの友好関係の強化をはかりますが、フランスが乗り気でなかったため、1934年にドイツと不可侵条約を結びます。独裁化を強めるピウスツキにとって、これは国を守る苦肉《くにく》の策でした。

ハンガリーのホルティーは、世界恐慌による混乱は、ヴェルサイユ体制に問題があるとして軍備を拡大し、国境線の変更を要求しはじめます。さらに、ユーゴスラビア、ルーマニア、ブルガリア、アルバニアでも、国の安全と経済の立て直しをはかる名目《めいもく》で、それぞれ国王が独裁政治を進めていきます。

そんな東欧の国ぐにの独裁よりも、さらに強力だったのはソ連です。スターリンは、ヴォルガ川下流域の都市ツァリーチンを、1925年にスターリングラードと改名したのを皮切《かわき》りに、個人崇拝《すうはい》といわれるほどの絶対的な権限を手にしました。1936年に成立した憲法はスターリン憲法と呼ばれるほどでした。

チェコスロバキアの解体

このころドイツでは、ヒトラーを指導者とする民族主義的なナチス党が政権を獲得し、再軍備を進め、第一次世界大戦で失った領土の回復を唱えました。

軍事力を高めたドイツは、1938年、チェコスロバキアにズデーテン地方を譲るよう迫ります。イギリス、フランス、ドイツ、イタリアの代表はミュンヘンに集まり、会議を開きました。チェコスロバキア大統領のベネシュは、イギリスとフランスの支援を期待しましたが、両国はドイツとの戦争を恐れて妥協し、やむなく要求を受けいれます。

ヒトラーの野望はこれでは終わりませんでした。1939年、ドイツはスロバキア民

1938年のヨーロッパ

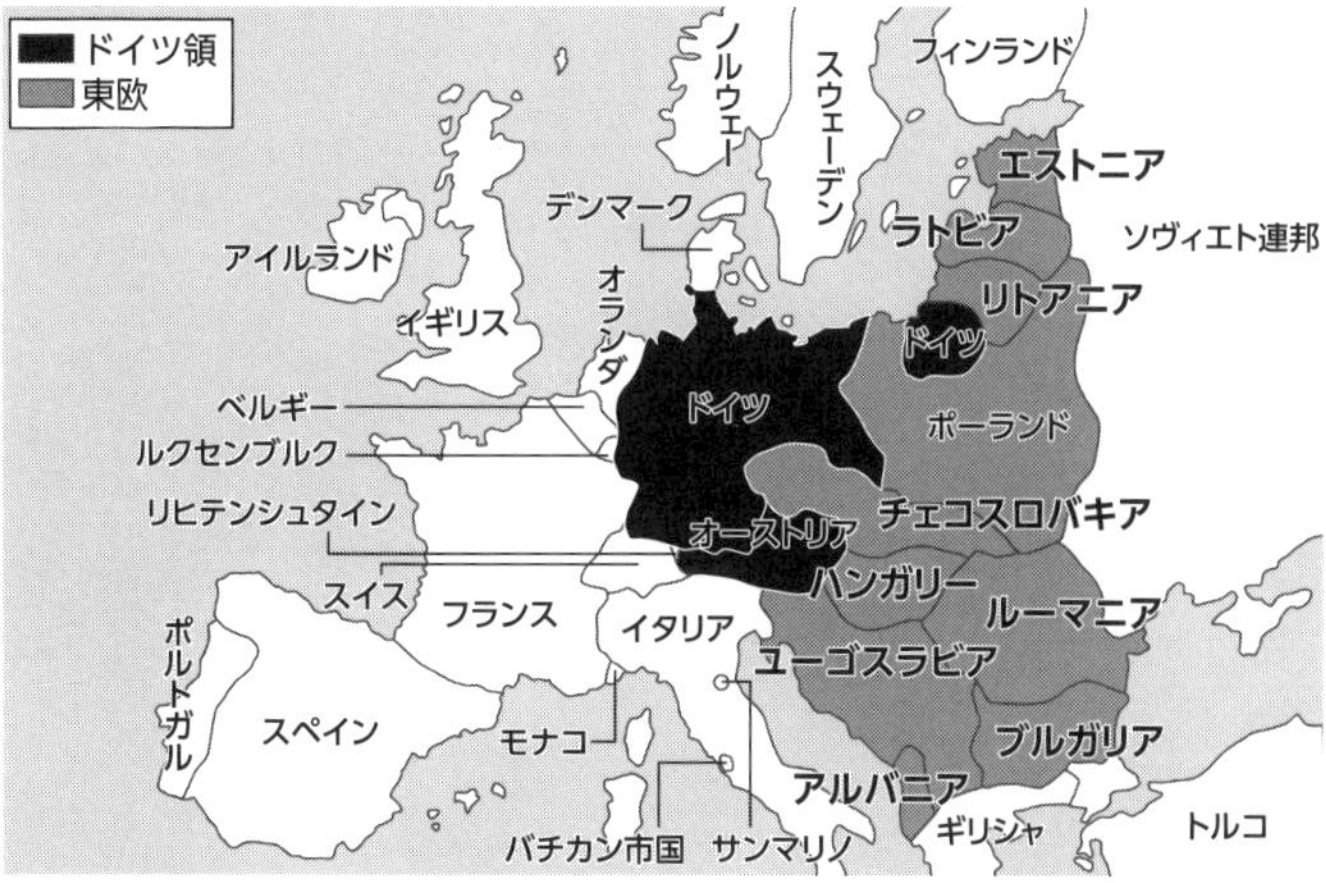

族主義者の司教ティソを味方につけてスロバキアをチェコから独立させ、さらにチェコの残る地域を占領。チェコスロバキアはあっさり解体されてしまいました。

ポーランドはまたまた分割

ポーランドはドイツと不可侵条約を結んでいましたが、1935年にドイツのナチス政権が再軍備宣言を出して以降は、状況が不安定になります。1939年3月、ドイツから第一次世界大戦前にドイツ領だった地域を譲るように迫られました。

ヒトラーはソ連を敵視していましたが、イギリスやフランスと戦争になったときのため、1939年8月にソ連と不可侵条約を結びました。この条約には非公開の秘密議定書があり、ポーランドを独ソ両国で分割すること、ソ連がラトビア、エストニア、ベッサラビアを、ドイツがリトアニアを支配下とすることが記されていました。これは、バルト三国やポーランドの人びとの意志をまったく無視した内容です。

ポーランドはドイツからの領土要求を拒否《きょひ》し続けていましたが、ついに同年9月1日にドイツ軍が攻め込んできます。イギリスとフランスも今や事態を見過ごせずにドイツに宣戦し、ここに第二次世界大戦がはじまりました。

すでにポーランドでは強力な指導者だったピウスツキが死去しており、軍備も旧式で、またたくまにドイツ軍の戦車隊と航空隊に敗れます。9月17日には先に触《ふ》れた秘密議定書のとおりに、ドイツとソ連に東西から分割占領されました。続いて翌年、バルト三国もソ連軍に占領されたのち、ソ連に併合されてしまいました。

ドイツについてソ連に抵抗

第二次世界大戦がはじまった直後、バルカン半島は比較的平穏《へいおん》でした。しかし、19

40年6月にフランスがドイツに降伏すると、ソ連軍は独ソ不可侵条約の秘密議定書に基づきルーマニアに侵攻しました。このとき、ベッサラビアなどを併合しています。

ルーマニアがベッサラビアなどを奪われるようすをみたハンガリーは、ここぞとばかりに侵攻し、8月30日にルーマニアから北トランシルバニアを奪います。さらに、ブルガリアもルーマニアに侵攻し、かつて領土だった南ドブロジャを奪還しまし

1941年〜1944年のルーマニアの版図

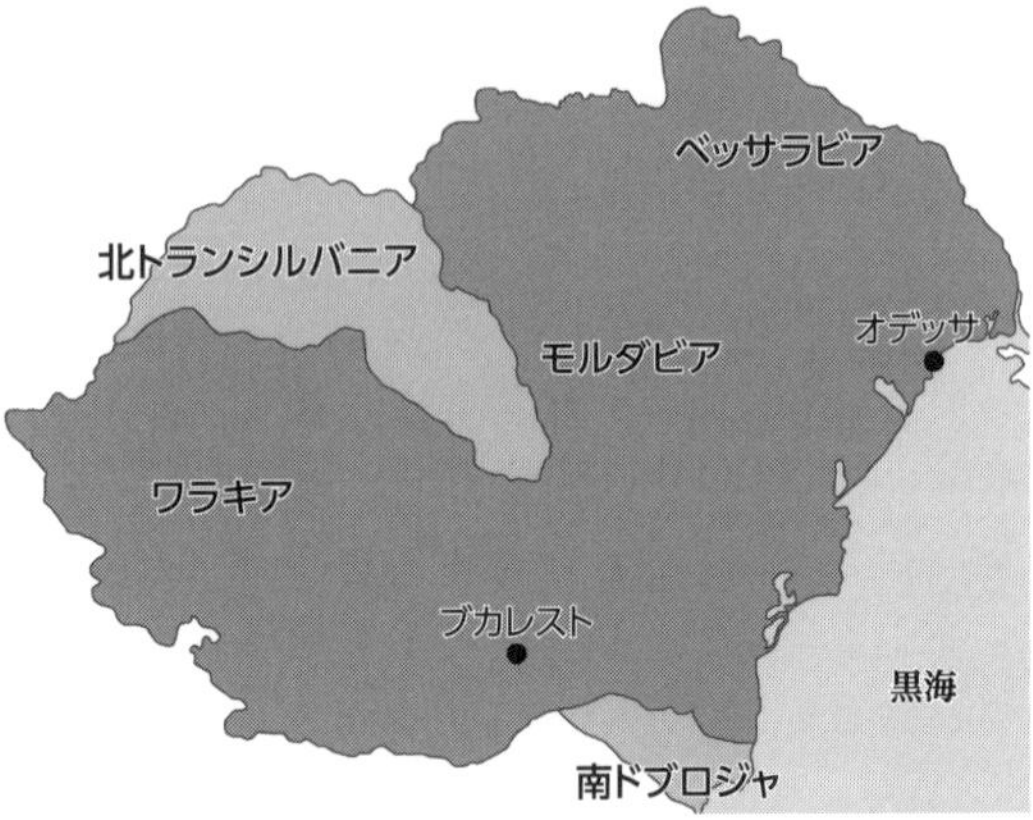

た。こうして、ルーマニアは第一次世界大戦で勝ち取った領土のほぼすべてを失うのです。

さらに１９４０年９月、日独伊三国による軍事同盟が成立しました。この同盟は、ユーラシア大陸における対ソ包囲網を意味しました。同年11月にルーマニアとハンガリーが立て続けに加盟します。三国同盟を中心とする勢力は枢軸国といいます。

ルーマニアはソ連に抵抗するため、ハンガリーはドイツをうしろ盾として自国を維持するためという目的がありました。

１９４１年３月になって、ブルガリアも加盟します。ドイツ軍と戦うよりも味方にしたほうが国を守れると判断した結果、中立な立場を保つために必死で外交を続けていました。

バラバラになったユーゴスラビア

ハンガリー、ルーマニアに加えてブルガリアも枢軸国に加わったことで、ユーゴスラビアは、敵に囲まれる立場になってしまいました。このため、ドイツ軍が侵入してこない、参戦する義務はないという条件つきで条約を結んで枢軸国に加わりました。

その直後、国民はドイツに屈したとツヴェトコヴィチ政府を痛烈に批判し、「条約よりも戦争を!」と叫びます。その声に押された空軍の参謀長《さんぼうちょう》で反ドイツ派のシモビチが、兵を率いて政府や軍の拠点を占拠し、ソ連とは不可侵条約を結びました。

ユーゴスラビアが裏切《うらぎ》ったとみたヒトラーは、激怒《げきど》して軍を差《さ》し向《む》けます。こうして1941年4月6日、ドイツ軍に続いてイタリア軍、ハンガリー軍、ブルガリア軍に攻め込まれたユーゴスラビアは、イギリスやギリシャとの連携《れんけい》もうまくいかず総崩《そうくず》れになりました。わずか1週間で首都ベオグラードは陥落し、数日後に降伏すると、国王ペータル2世はエジプトのカイロへ逃げました。

このあと、ユーゴスラビアは同盟国によってバラバラに占領されます。セルビアはド

第二次世界大戦初期の国際関係

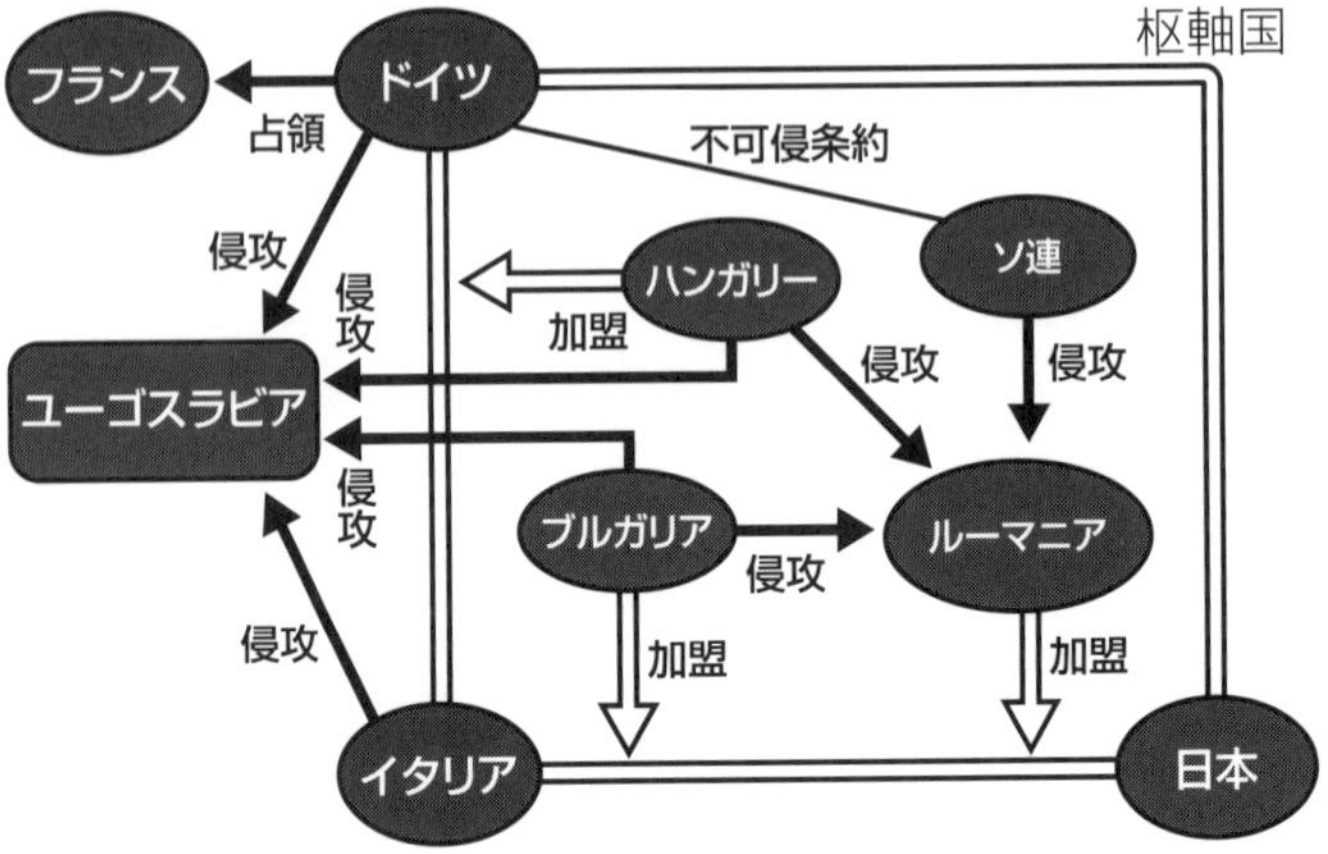

イツの軍事拠点となり、北部のスロベニアは北をドイツ、南をイタリアが占領します。

一方、クロアチアの民族主義者はウスタシャという団体を組織します。クロアチアのなかでも、親ドイツのクロアチア人が多い地域は独立国となり、ボスニア・ヘルツェゴビナやスロベニアやヴォイヴォディナ地方も併合します。

さらにウスタシャ内のセルビア人を中心に、ナチス・ドイツのようなユダヤ人への迫害が行われました。

イタリアもドイツも追い返せ

アルバニアは、1939年にイタリアの

占領下におかれました。これに対して、亡命した国王を支持する勢力や共産主義勢力、さらにはアルバニア人民族主義者たちが独自に抵抗組織をつくり、イタリアに抵抗します。共産主義勢力はユーゴスラビアの共産党の支援を得て、1941年11月、ティラナで集会を開き、ホジャを書記長とするアルバニア共産党を結成しました。

翌年、共産党を中心に、民族主義勢力や反国王派勢力などがアルバニア救済委員会を結成し、イタリアとの戦いをはじめます。やがて、アルバニア人の多いコソボの併合をめぐり、アルバニア共産党と民族主義勢力の対立が起こって、内戦になりました。

1943年に降伏したイタリアから武器を奪うなど内戦を有利に戦った共産党は、イタリアに代わって進出してきたドイツと戦い、1944年11月、首都のティラナを自力で解放しました。

東欧VSソ連

ドイツの支配下となった東欧の国ぐには、1941年6月22日からソ連との戦いに突入します。この日、ドイツはソ連との不可侵条約を破棄《はき》し、侵攻を開始します。その最前線のひとつは、バルト三国でした。

開戦直後、ドイツ軍によって占領されたバルト三国内では、ドイツと結んでソ連を排除して独立を回復しようとしたり、ソ連からの離脱をしたりする動きもありました。

しかし、リトアニアではドイツ軍によって動きが抑えられ、ラトビアはソ連の侵攻により独立に失敗しました。エストニアではドイツとの協力が図られましたが、ソ連の攻撃によって失敗します。結局、バルト三国はソ連の支配を受けることになります。

また、ベッサラビアを支配下に置いたルーマニアは東へ侵攻し、黒海北岸のオデッサを占領します。その後、ルーマニア軍は、独ソ戦における最大の激戦地となったスターリングラードにも送られました。

ブルガリアは、国内に親ソ連の勢力が多かったことから、

そのころ、日本では？

第二次世界大戦中、日本はドイツの同盟国でした。しかし、リトアニア領事代理の杉原《すぎはら》千畝《ちうね》は、個人の判断で、ナチス政権に迫害《はくがい》される大量のユダヤ人の出国を手助けしました。この行動は、戦後数十年をへて再評価され、リトアニアには「スギハラ通り」がつくられました。

ソ連との戦いには参加しませんでした。

　国家が分断されてしまったユーゴスラビアでは、侵略《しんりゃく》してきたドイツに抵抗《ていこう》する組織パルチザンが結成されます。その中心人物のチトーは共産主義者で、クロアチア人ながら、セルビア人などほかの民族との協調《きょうちょう》を唱えました。鉄道や通信線、飛行場などを破壊したパルチザンは、ドイツ軍を追い払った地域に「解放区」をつくっていきます。

　なおソ連は、第二次世界大戦でドイツ軍の最前線になったクリミア半島から、クリミア・タタールといわれる人びとを強制的にシベリアや中央アジアに移動させ、そこにロシア人を移住させました。クリミア半島の民族構成は複雑になり、ロシア人同士での差別も生まれました。

第二次世界大戦、終わる

1943年2月、ソ連軍がスターリングラードのドイツ軍を降伏させます。1944年から翌年にかけて、ドイツの占領下にあったルーマニア、ブルガリア、ポーランド、ハンガリーは、ソ連軍によって解放されました。

ユーゴスラビアでは、チトーの指導するパルチザンが1944年の10月にベオグラードを奪還《だっかん》したのち、ソ連に頼らず独力《どくりょく》でドイツ軍に勝利します。1945年11月、チトーの率いる共産党が選挙で大勝し、ユーゴスラビア連邦人民共和国が成立しました。

1944年6月にアメリカ軍がヨーロッパに上陸し、西欧の占領地をつぎつぎと解放します。追いつめられたヒトラーは1945年4月30日に自殺し、ソ連軍がベルリンを占領します。こうしてヨーロッパの戦闘は終結し、9月には日本も降伏。全世界を巻き込んだ第二次世界大戦は、ついに終わりました。

なお、この戦争の期間中、ナチス・ドイツが多くのユダヤ人を迫害したことが知られています。東欧の一部の国や地域でも、同様のユダヤ人差別が発生しました。

戦争が終わる前に話し合われたこと

枢軸国と敵対する連合国を率いたイギリスの首相チャーチル、アメリカ大統領のローズベルト、ソ連の最高権力者スターリンは、ドイツ降伏の3カ月前、クリミア半島のヤルタで、戦後について話し合いました（ヤルタ会談）。

東欧に関しては、ポーランドの新政権や、ポーランドの国境線について、そしてユーゴスラビアの新国家についての話題が中心になりました。

ポーランドの問題は、アメリカとイギリスの支援を受けた亡命政府と、ソ連の支援を受けた政権があり、どちらを新政権とするかでイギリスとソ連が対立していました。

最終的に、アメリカから戦後に国民投票を実施して決める妥協案が出され、3カ国で合意します。東部の国境線についてはほぼ第一次世界大戦後に定められたもの（カーゾン線）に戻すことになりました。

ユーゴスラビアでは、チトーとイギリスが推薦する政治家シュバシチとの間で協定が結ばれます。これにより新政府が樹立し、国民解放反ファシズム評議会を拡大して臨時

第二次世界大戦前後のポーランド領

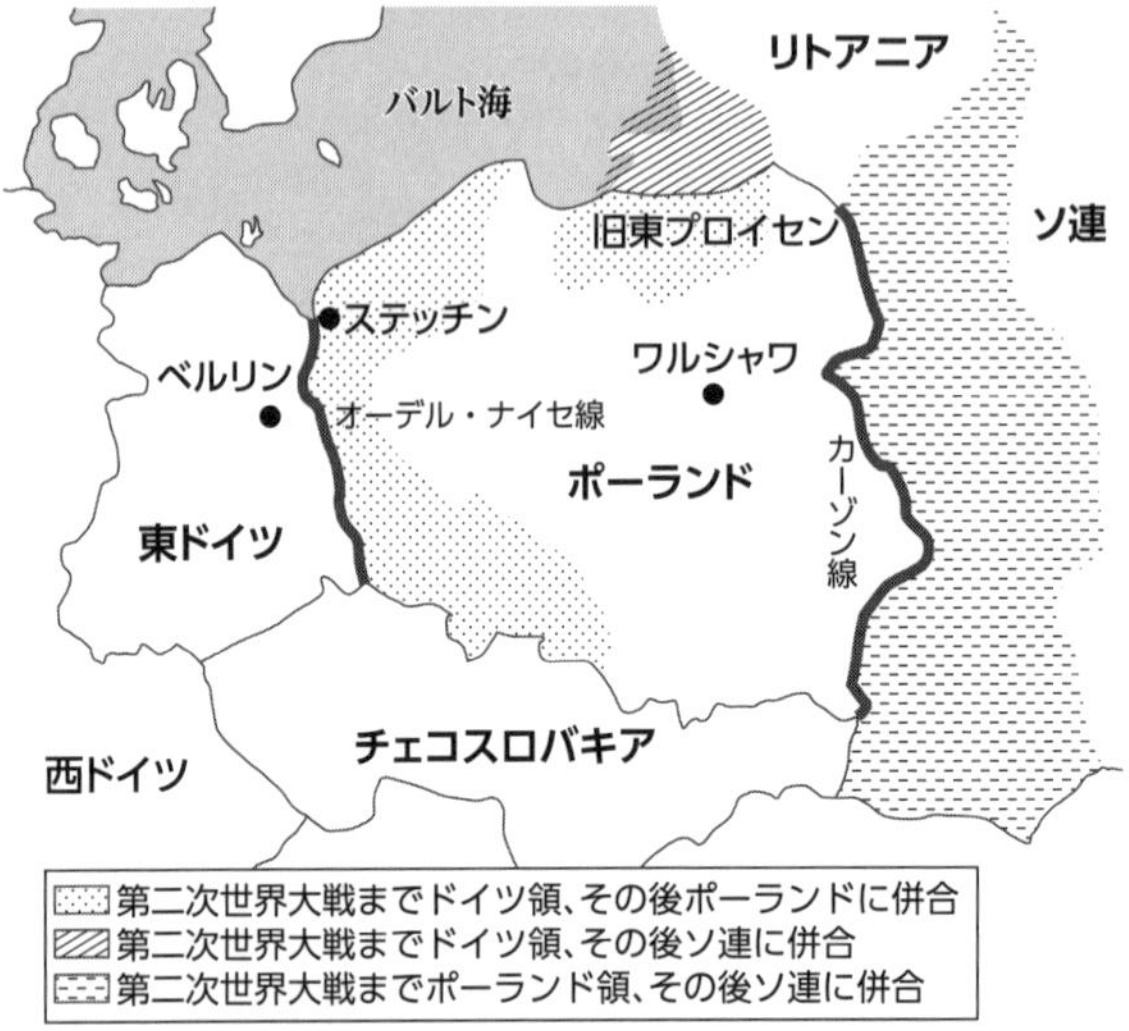

国会とすることが決まりました。
　戦後の東欧の運命は、このヤルタ会談によってある程度、方向づけられたといえます。

東欧の異才

　２度の世界大戦に見舞われた20世紀にも、東欧の国ぐにから科学や文化の分野で名を残すさまざまな才能の持ち主が登場しました。

　チェコスロバキアの小説家カレル・チャペックは、１９２０年に発表した『R.U.R.』で、はじめて人造人間《じんぞうにんげん》を意味する「ロボット」という言葉をつくりました。童話『長い長いお医者さんの話』、SF小説の『山椒魚戦争《さんしょううおせんそう》』などの作品を執筆する一方、初代大統領マサリクとも交流が深く、多くの文化評論も残しています。

ハンガリー生まれの数学者フォン・ノイマンは、初期のコンピュータの基礎理論を考案した人物です。演算《えんざん》装置《そうち》や制御《せいぎょ》装置、記録装置を持ち、内蔵したプログラムによって動く一般的なコンピュータは、「ノイマン型コンピュータ」と呼ばれます。1930年にアメリカに移住し、人工知能や原子力の研究に従事しました。

同じくハンガリー出身のビーロー・ラースローは、粘《ねば》り気《け》の強いインクを筆記具に利用する方法を研究して、試行錯誤の末《すえ》に1938年にボールペンの特許《とっきょ》を取得。世界中で使われることになりました。

画家のマルク・シャガールは、現在のベラルーシ北部のヴィチェプスクで生まれました。サンクト・ペテルブルグの帝室美術奨励学校で学んだのち、フランスのパリに渡ります。初期は写実的な画風でしたが、大胆《だいたん》な色彩の使い方や対象物を多角形に分解して描くキュビズムの手法を取り入れ、1920年代以降にピカソやダリらが広めたシュルレアリズム絵画に大きな影響を与えます。第二次世界大戦後は、パリのオペラ座の天井画、ランスのノートルダム大聖堂のステンドグラスなどを手がけました。

知れば知るほどおもしろい東欧の偉人❻

戦争の真実を伝えたカメラマン

ロバート・キャパ

Robert Capa

1913～1954年

世界各地の戦場を飛び回る

報道写真家として知られるキャパは、本名はアンドレ・フリードマンといい、ハンガリーの首都ブダペストでユダヤ系の家庭に生まれました。

青年期にドイツのベルリンで撮影術を学びましたが、ユダヤ人を迫害するナチス政権が台頭《たいとう》すると、フランスのパリへ渡ります。1936年にスペイン内戦が起きると、戦地に飛んで多くの戦場写真を撮り、アメリカの雑誌『ライフ』に寄稿して話題を呼びました。また、戦争に巻き込まれたスペイン人民に共感を寄せた画家のピカソ、作家のヘミングウェイらと交流を深めます。

第二次世界大戦中は連合軍の従軍《じゅうぐん》カメラマンを務めるなど各国の戦場を渡り歩き、最後はベトナムでインドシナ戦争の取材中に地雷《じらい》に接触して死亡しました。その後、彼の名を冠《かん》してすぐれた報道写真家に贈《おく》られるロバート・キャパ賞が創設されています。

chapter 7

冷戦期の東欧

冷戦の舞台

第二次世界大戦のあと、連合国軍の勝利に大きく貢献したアメリカとソ連が、二大国として国際社会を引っぱる立場になり、両陣営の対立（冷戦）が浮上します。

冷戦の舞台として、最初に問題になったのはソ連に近い東欧でした。大戦末期にルーマニアやハンガリーなどを占領したソ連は、東欧の国ぐにの政治に口を挟んで影響力を強め、各国で共産党を中心とする独裁体制を成立させようとはかります。

敗戦国のドイツは、国土の東部がソ連の占領地、西部がアメリカ・イギリス・フランスの占領地となります。首都ベルリンは東部にありましたが、市街がさらにソ連が占領する東ベルリンと、アメリカ・イギリス・フランスが占領する西ベルリンに分かれ、冷戦の最前線になりました。

イギリスの首相だったチャーチルは、１９４６年3月にフルトン大学で演説を行い、バルト海のステッチンからアドリア海のトリエステに南北を結ぶラインを「鉄のカーテン」と呼びました。ここから、アメリカに与《くみ》する自由主義陣営は西側、ソ連に与する社会主義陣営は東側と呼ばれるようになります。

チェコスロバキアは「東西の懸け橋」

第二次世界大戦中にドイツ軍とソ連軍の戦いの舞台となったチェコスロバキアは、イギリスに亡命政府を置いていたことから、戦勝国としてあつかわれました。

亡命政府の指導者であるベネシュは、西欧の国ぐににおける評判が高く、かつソ連との友好関係を築きました。ベネシュをリーダーとするチェコスロバキア共産党も、人びとの支持を集めていきます。

1945年12月、チェコスロバキアからソ連軍が撤退するとベネシュは帰国し、翌年の選挙でチェコスロバキア共産党が第一党になりました。共産党をふくむ連立政権は、ソ連をリーダーとする東側の社会主義陣営に加わり、貧しい農民や農業労働者などに土地が与えられる農業改革が実行され、大規模企業は国有化されていきました。

西側諸国との関係も維持し、亡命政権を置いていたイギリスとは、政治的にも経済的にも交流がありました。まさしく「東西の懸け橋」となろうとしたのです。

東を失い、西を獲得

チェコスロバキアの北にあるポーランドも、第二次世界大戦中は戦場となったため、イギリスに亡命政府を置いていました。戦時中のポーランドでは、ソ連に恨みを抱《いだ》くふたつのできごとがありました。1940年にソ連当局がポーランド将兵を大量処刑した疑惑（カチンの森事件）と、戦争末期にポーランド人がドイツに反抗して立ち上がったワルシャワ蜂起の際、ソ連が支援しなかったことです。このことが原因で、ポーランドの亡命政府は反ソ連の立場を表明していました。

終戦直後に帰国した亡命政府の勢力と、ソ連との関係を重視する共産党が対立します。このとき、ポーランドを陣営に引き込みたいソ連は、共産党に言われるがままに動く警察や軍隊を組織させますが、ポーランド国民の意見は大きくふたつに分かれます。

さらに、戦後に決まった新しい国境が当時のポーランド人を困惑させました。ポーランドは第一次世界大戦中にソ連と戦って東へと領土を広げていましたが、第二次世界大戦後にその部分はソ連の領土となりました。その代わりに、敗戦国であるドイツ東部の

ルーマニアの版図（1944～1947年）

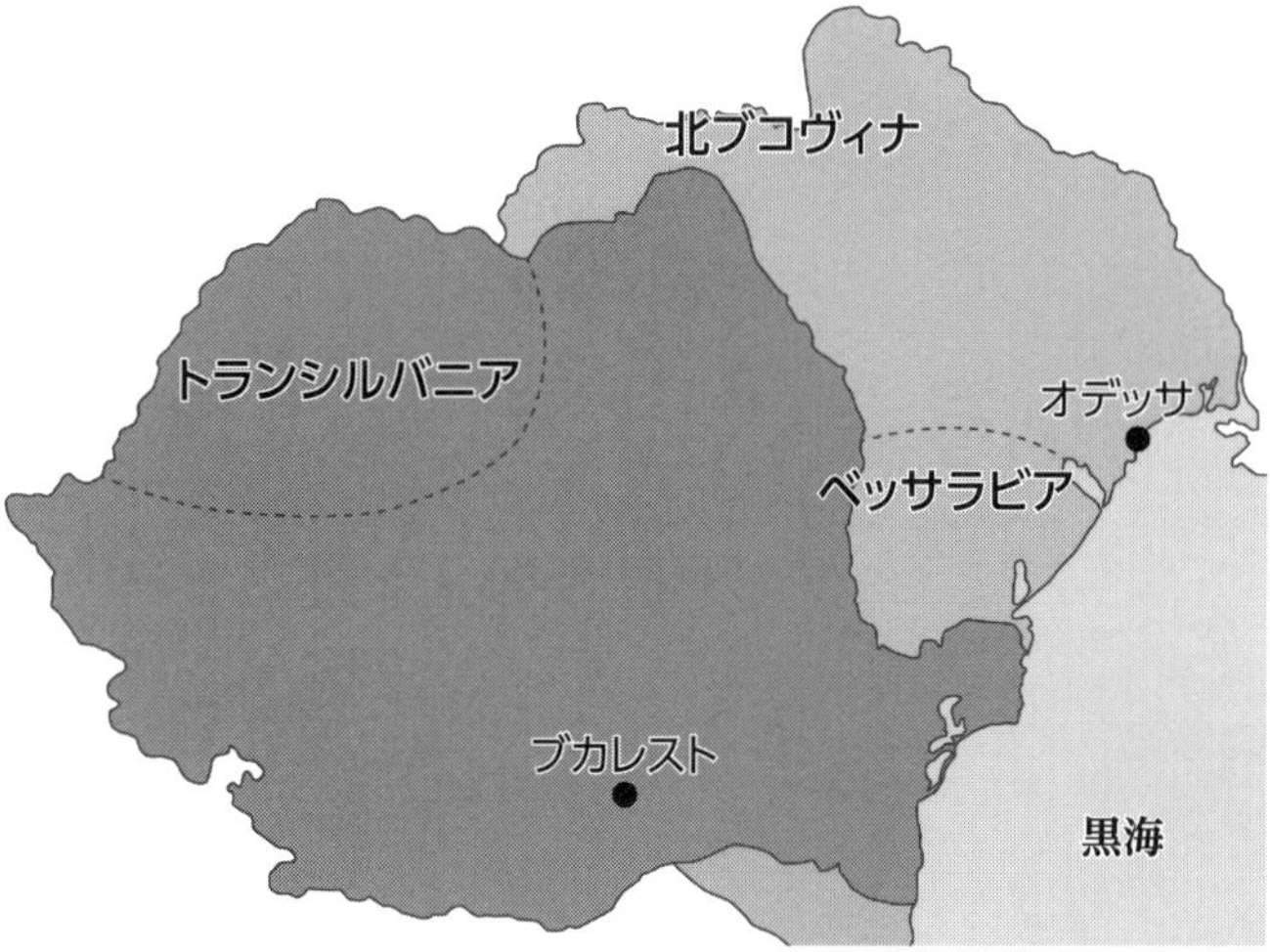

領土を新たに獲得しますが、そこはもともとポーランド人のいない場所だったため、どうやって治めていくべきか困ってしまいました。

ルーマニアの終戦と戦後

枢軸国側として戦っていたルーマニアでは、１９４４年3月にソ連やアメリカ、イギリスが攻め込んできたことで状況が一変します。国王の側近《そっきん》や共産党、民族農民党（ルーマニア農民党）などが結成した国民民主ブロックが8月にクーデターを起こし、政権は倒されました。国王ミハイはソ連と休戦し、ドイツと戦うことなどを発表しました。

9月12日、ルーマニアは連合国と休戦協定を結びます。その結果、ルーマニアにはソ連代表が駐在することになりました。さらにベッサラビアと北ブコヴィナをソ連に取られます。ただし、かつて領有していた北トランシルバニアなどは、ハンガリーから返還されました。

戦後は、ソ連の後ろ盾を得た共産党が徐々《じょじょ》に大きな権力を手にしていき、国王は1947年に退位しました。これにより、ルーマニア人民共和国が成立します。

国を守ったユーゴスラビアとアルバニア

一般国民によって組織されたパルチザンがドイツ軍と戦ったユーゴスラビアとアルバニアは、いずれもソ連から支援されることなく、戦後に共産党が強力な指導権を持ちました。

ユーゴスラビアは、1945年11月29日に王制が廃止され、ユーゴスラビア連邦人民共和国の成立が宣言されました。戦時中にイギリスに亡命していた国王ペータル2世は退位を宣言することなく、アメリカに渡りました。翌年には、ソ連の憲法をモデルにした新憲法が発布されます。18歳以上の男女平等選挙が規定されていましたが、選挙で立候補できるのは、共産党に推薦された人物だけでした。

アルバニアでは、パルチザンの指導者でアルバニア共産党の創設者でもあるホジャの下で新国家建設が進められました。終戦直後のアルバニアは、ユーゴスラビアから多くの支援を受けて、その影響下にありました。

ところが、アルバニアはユーゴスラビアと隣接するコソボ地方の領有をめぐって対立します。結局、コソボ地方をユーゴスラビア領として認める代わりに、アルバニア新政府が認められました。

1946年1月に王制が廃止され、アルバニア人民共和国の成立が宣言されます。2カ月後には新憲法も制定され

そのころ、日本では？

無条件降伏の翌年である1946（昭和21）年1月1日、昭和天皇は詔書を発布し、戦前まで信じられてきた「天皇は神である」という観念《かんねん》を自《みずか》ら否定しました。この詔書は通称、「人間宣言」と呼ばれています。ちなみに、これは濁点、句読点が付されたはじめての詔書でした。

ました。この後、アルバニアは西欧諸国にも国家として認められました。

このようにして、東欧ではつぎつぎと社会主義体制が誕生していきます。

東欧の社会主義はひと味ちがう

19世紀から西欧では、選挙権を持つ市民が議会を通じて市民のための政治を行う民主主義の考え方が広がりました。これに対し、第二次世界大戦の末期から終戦直後の東欧では、「人民（労働者や農民）がみずから社会主義を実践《じっせん》していく国をめざす」という独自の考え方が広がりました。これを人民民主主義といいます。

当時のブルガリア共産党で書記長を務めたディミトロフは、「各国の人民は、ソ連型の社会主義の道を正確に通って社会主義に達するのではなく、それぞれの歴史的、民族的、文化的条件に応じて、それぞれのやり方で社会主義に到達《とうたつ》すべきである」と言いました。つまり、ソ連の社会主義とも距離《きょり》を置き、独自の路線で政治体制を築いていこうとしていたのです。

ポーランド暫定政府で副首相を務めたゴムウカは、戦争中に国内にとどまってソ連への抵抗運動を続けた経験から、ソ連とは異なる方法で社会主義体制を築こうとしました。

ユーゴスラビアのチトーも、ユーゴスラビアの社会主義こそが人民民主主義であると述《の》べています。さらにハンガリーでは、民族農民党のヴィボー・イシュトバーンは、「東の民主主義と西の民主主義の間で、第3の道を考えるべき」と主張しました。

農業生産力はなかなか上がらない

西欧に比べて工業化が遅れていた東欧では、各国の共産党が農業を重視し、ポーランドやハンガリーでは農業改革が実行されます。それまでの貴族や大地主や教会、戦争犯罪者の土地は政府に没収され、貧しい農民や土地を持たない労働者に分配されました。とはいえ、個人による農業では規模が小さく、収穫量も多くありません。

そこで、1948年ころから、ソ連の指導によって生産協同組合が設立され、農民たちが協力して生産力を高める体制がとられます。ところが、東欧の農民たちは自分の土地を持ち続けたいという意識が強く、「共産党に土地を奪われるのはイヤだ」と反発する者が多かったため、成果は上がりませんでした。

産業は国のもの

農業改革と並んで、共産党は経済政策も重視しました。経済政策とは、具体的にはかつてドイツ人や戦争を主導した人びとが所有・経営していた産業の国有化です。

ドイツ人が経営していた工場が多いポーランドやチェコスロバキアでは、あっさりと国有化が進みました。ポーランドでは、かつてユダヤ人が所有していた工場も、ユダヤ人がいなくなってしまったことから、国によって没収《ぼっしゅう》されました。

ソ連の後ろ盾を必要とせずに共産党が権力を握ったユーゴスラビアでは、製鉄などの基幹産業だけでなく、交通機関や銀行、日用品を生産する中小企業にいたるまで、産業の国有化がすすめられました。１９５７年からは、第一次

そのころ、日本では?

1957（昭和32）年1月29日に、日本の南極越冬《えっとう》隊が南極大陸に初上陸を果たしました。この2年前に日本は南極観測への参加を表明していましたが、当初は敗戦直後ということもあり各国に反対されました。しかし、粘り強い交渉の結果、なんとか認められたのです。

五カ年計画がはじまり、生産目標を実現するために、政府は各企業に品目《ひんもく》や生産量を細かく指示していきました。

また、敗戦国になりソ連の占領下に置かれたハンガリーとルーマニアは、経済活動がきびしく制限されました。両国ともドイツが経営する工場などが多かったのですが、いずれもソ連が引き継いで管理し、その利益はソ連経済の復興のために使われました。

なお、連合国は「賠償金は旧枢軸国とソ連占領地区から取り立てる」としていたため、ソ連は支配下に置いた東ドイツのほか、ハンガリーとルーマニアから徹底的に資産を取りあげます。そのため、東欧のなかでもこの地域だけは経済が発展しませんでした。

トルーマン・ドクトリンとマーシャル・プラン

さて、東欧の大部分は戦後に社会主義国となりましたが、バルカン半島南端のギリシャとトルコは自由主義陣営に属し、冷戦の最前線のひとつになります。

1947年3月、アメリカ大統領トルーマンは、ソ連から自由主義世界を守るため、ギリシャとトルコを援助すると発表します。この方針はトルーマン・ドクトリンといい、しだいに多くの国ぐにが支援の対象となります。ソ連は「アメリカが勝手に支配圏を広げようとしている」と非難しますが、トルーマンは戦後のヨーロッパの経済復興のために資金を提供するマーシャル・プランをスタートさせました。

東欧のうち、ポーランドとチェコスロバキアはアメリカの資金を期待して、マーシャル・プランへの参加を希望しますが、ソ連が両国政府に圧力を加えて断念させます。ソ連は、1947年9月に、ユーゴスラビア、チェコスロバキア、ポーランド、ハンガリー、ルーマニア、ブルガリアに加え、イタリアとフランスの共産党の代表をポーランドに集め、社会主義国の連携を深めようとしました。

この席で、ソ連代表ジュダーノフはマーシャル・プランを「アメリカによるヨーロッパの奴隷化計画」だと批判します。独自の路線を主張するポーランドのゴムウカは、ソ連の提案に抵抗しますが、認められませんでした。

そして、各国の共産党がたがいに連絡をとりあうためのコミンフォルム（共産党情報局）が設立されました。ソ連の社会主義をモデルにした国家建設を強制する組織が誕生したのです。

コメコン加盟国（1949年）

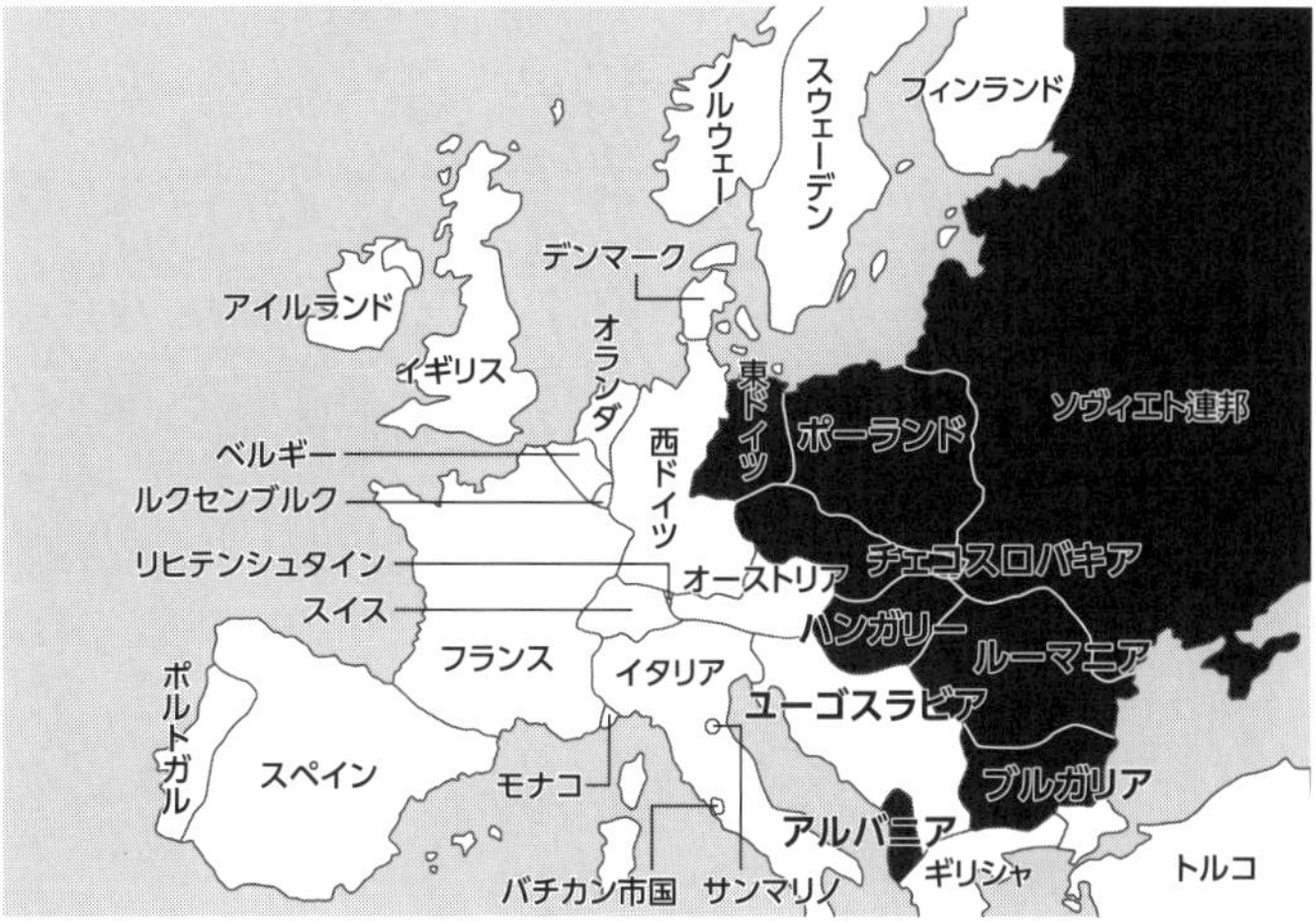

コメコンで西欧に対抗

平等な社会を建設しようとする社会主義を実現するには、経済活動を活発化させて国民の生活を豊かにし、安定させていくことが不可欠です。

ただ、それを一国だけで実現するのは簡単《かんたん》なことでなく、またアメリカのマーシャル・プランに対抗するために、社会主義国の経済を発展させるための国際組織がつくられます。

１９４９年１月、ソ連の呼びかけで、ブルガリア、チェコスロバキア、ポーランド、ハンガリー、ルーマニアの代表がモスクワに集まり、コメコン（経済相互援助会議）が結成されます。1カ月後にはアルバニアも参加しました。

加盟国による取り決めで、東欧の国ぐにには、ソ連からエネルギーや原材料を提供され、機械類や工業製品を製造してソ連へと輸出しました。このシステムによって、東欧の経済力は成長していったのです。

ソ連と東欧の国ぐにには、資源の供給や物流を円滑《えんかつ》に行うため、電力系統が統一され、石油パイプラインや天然ガスパイプラインが敷《し》かれ、共同の貨物列車も運用されました。このようにして、ソ連と東欧の国ぐにによる経済圏が形成されていきます。

広がる共産党の支配体制

コミンフォルム結成を主導したソ連は、東欧の国ぐにの共産党を指導する立場となり、独自の社会主義がつくられることを許しませんでした。東欧各国の共産党はソ連の後ろ盾を得て、国内の反対勢力をつぎつぎと抑えつけていきます。

1947年、ブルガリアで最大勢力を誇《ほこ》った野党の農民同盟右派の幹部が国家陰謀《いんぼう》罪の容疑《ようぎ》で逮捕《たいほ》され、指導者は処刑されました。ハンガリーでは、小農業者党の幹部たちが多数逮捕され、首相のナジ・フェレンツェは国外に亡命します。以後、ハンガリーでは共産党が勢力を拡大しました。

ルーマニアでは、民族民主党の指導者が共産党体制を転覆《てんぷく》させようとたくらんだとして逮捕され、同党は解散に追いやられます。その他の政党も、政府の圧力で壊滅状態になり、共産党の独裁体制が形成されていきました。

共産党が大臣ポストを独占していたポーランドでは、農民党が共産党を上回る支持を集めていました。しかし、1947年の選挙で農民党は活動を妨害され、敗れました。

「東西の架《か》け橋」として期待されたチェコスロバキアでは、1948年2月にクーデターが起こり、共産党が政権を握りました。

ユーゴスラビアは追放

コミンフォルム結成に協力したユーゴスラビアは、ソ連にとってありがたい存在でした。一方で、ユーゴスラビアは、終戦直後からポーランド、チェコスロバキアと友好協力相互援助条約を結び、1947年には、敗戦国のハンガリー、ルーマニア、ブルガリアとも同じ条約を結びました。許可なくこうした外交を進めることから、ソ連にとっては目ざわりな存在でもありました。

さらにユーゴスラビアは、多くの民族が混在《こんざい》するバルカン半島において、それぞれが平和的に共存できる関係を築くため、ブルガリアとの「バルカン連邦《れんぽう》」を構想していました。そのバルカン連邦がドナウ川周辺の国ぐににまで広がる可能性があるとわかり、ソ連は反対しました。

1948年6月、ブカレストで第2回コミンフォルム会議が開かれ、独自の路線を進もうとするユーゴスラビアは、コミンフォルムから除名《じょめい》されました。この事件をきっかけに、東欧の国ぐにに対するソ連の影響力は、さらに強まりました。

同年、ソ連が西欧と西ベルリンを結ぶ交通路を遮断《しゃだん》したので、東西陣営の対立は決定的となります。アメリカと西欧の国ぐにには、ソ連との衝突に備えた軍事同盟の北大西洋条約機構（NATO）を結成しました。

占領下のドイツは、自由主義国の西ドイツ（ドイツ連邦共和国）と、共産主義国の東ドイツ（ドイツ民主共和国）に分裂します。

スターリンにならえ

東欧の国ぐににおける共産党の独裁体制は、1950年までに固められました。圧倒的な力を持つ共産党は、議会や政府はもちろん地方まで、立法、行政、司法の機関をすべて支配下に組み入れました。思想や言論もきびしく統制し、批判は厳禁。大学ではマルクスやレーニンの思想を必ず学ぶことになり、中高生はロシア語が必須科目になりました。

共産党内でも規約が絶対視され、それと異なる主張をした者はスパイなどの罪《つみ》で逮捕され、処刑されることもありました。ポーランドの指導者だったゴムウカも、逮捕されました。独裁体制の成立が遅かったチェコスロバキアでも、100万を超す党員が追放されたといわれます。

まさに、ソ連でスターリンが独裁体制を築く際に行われたことが、東欧でもそのまま実施されたといえます。チェコスロバキアのゴットワルド、ハンガリーのラーコシなど、ソ連に忠実《ちゅうじつ》な態度を見せた指導者は、「小スターリン」と呼ばれました。

小スターリンたちは、農業・経済政策もソ連にならって強行します。ただ、産業構造を考えずに実施されたため、効果はありませんでした。

とくにポーランドでは、農業改革に失敗し、農産物の輸出国だったのが輸入国に転落する事態になりました。

独裁者の死

1953年、ソ連の独裁者スターリンが死去します。リーダーを失ったソ連共産党は集団指導体制となり、党第1書記にフルシチョフ、首相にはマレンコフが就任しました。

東欧の国ぐにでは、小スターリンと呼ばれた指導者たちが失脚《しっきゃく》し、ハンガリーではナジ・イムレが首相に昇格《しょうかく》します。ポーランドではツィランケヴィチ、ブルガリアではジフコフ、ルーマニアではアポストル、アルバニアではシェフーなどが新しい指導者となりました。

ところが、ソ連でフルシチョフとマレンコフによる権力争いが起こり、勝利したフルシチョフが、ふたたび独裁政治をはじめます。その影響は東欧におよび、ナジ・イムレが失脚するなど、社会主義国に動揺《どうよう》が走りました。

この後、フルシチョフを中心に、ソ連や東欧の再結集が提案され、1955年5月、ソ連、アルバニア、ブルガリア、チェコスロバキア、東ドイツ、ハンガリー、ポーランド、ルーマニアの8カ国がワルシャワ条約を結びました。

　この条約により、西側陣営のNATOに対抗するための軍事同盟ワルシャワ条約機構が成立します。東欧の国ぐには、ソ連を中心として社会主義を続けていくことを再確認しました。

NATOとワルシャワ条約機構

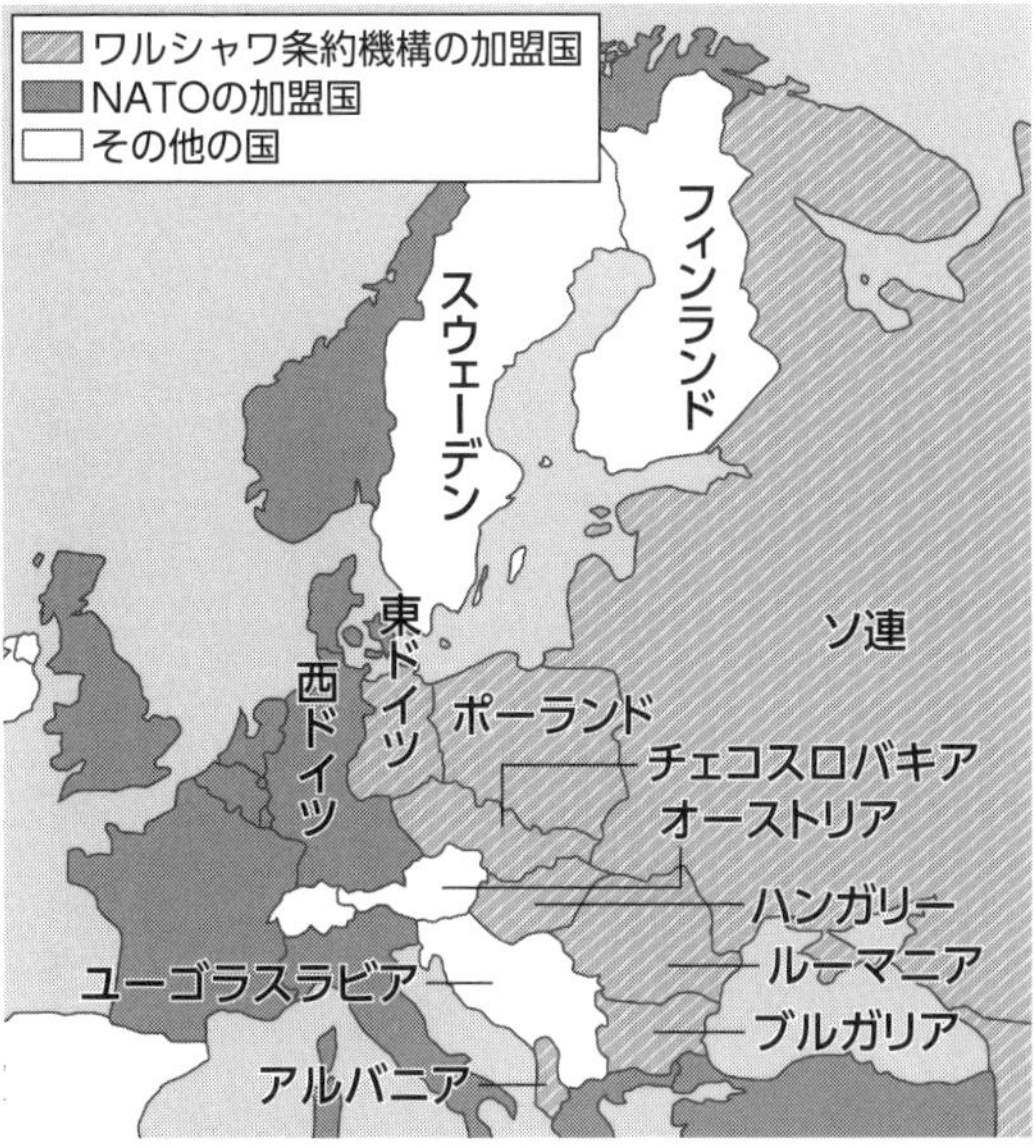

ユーゴスラビアは、やはり仲間だ

また、スターリンの死でソ連とユーゴスラビアの関係も変化しました。1953年6月、フルシチョフはユーゴスラビアに謝罪し、国交正常化を申し入れたのです。

コミンフォルムから追放されていたユーゴスラビアはこれを受け入れ、ほかの東欧諸国との関係も改善しました。

さらに、1954年にはNATOに加盟しているギリシャやトルコと友好相互援助条約を結び、貿易などの経済交流をはじめました。なお同年、ソ連内でクリ

ミア半島の主権はウクライナに移りました。このときはロシアもウクライナも同じソ連の一部なので、何も問題はありませんでした。

1955年、フルシチョフはユーゴスラビアの首都ベオグラードを訪れ、チトーと会談します。両国の共産党はたがいの主権を認め、独立の立場を尊重し、平等であるという原則が確認されました。ソ連とユーゴスラビアが歩み寄ったことで、ギリシャやトルコと結ばれた条約は有名無実化していきます。

きっかけはスターリン批判

ユーゴスラビアとの関係を改善したフルシチョフは、1956年2月、共産党大会において、スターリン批判と呼ばれる報告を行いました。

その内容は強烈《きょうれつ》で、スターリンが書記長を務めた約30年間で、党の規範《きはん》に従わなかったこと、忠実な幹部を粛清《しゅくせい》したことのほか、第二次世界大戦中にドイツの侵攻を予想できなかったことや、軍人・知識人・大衆をテロで殺したことなどをきびしく批判しました。さらにフルシチョフは、スターリンが求めた個人崇拝の異常さなども訴えました。

この報告は、公表される予定はなかったのですが、アメリカが調べ上げて全世界に公開したことで、大きな衝撃を与えました。ソ連共産党に対する非難が国際的に広がり、ソ連を中心に各国共産党をたばねるコミンフォルムは解散しました。

ソ連の統制が弱まったことで、東欧の国ぐにには大きな転換がもたらされます。戦後かたくなに非スターリン化を続けてきたユーゴスラビアのチトーは、この年の5月にソ連を訪問し、両国の関係が正常化されたことを確認しました。スターリン批判によって、チトーの政策は正しかったと証明され、チトーの名声や発言力はソ連の指導者と肩を並べるほどに高まりました。

ポーランドであわやの事態

ポーランド統一労働者党の党首で、「小スターリン」と呼ばれたビエルトは、モスクワでスターリン批判を聞いてショックを受け、急死します。

後任のオハブは、労働者の賃金の引き上げ、独裁を批判して投獄されていた政治犯を釈放《しゃくほう》しました。首都ワルシャワでは、知識人たちが自由な選挙などを求める声を上げはじめます。

そして1956年6月、西部の大都市ポズナニで、工場労働者が「パンと自由」を求めてデモを起こすと、治安部隊が発砲して多くの死傷者が出ました。抗議した市民は刑務所や警察を襲《おそ》い、大暴動になります。

暴動はしずめられますが、統一労働者党は、党の役割の見直し、報道や文化の自由、法治主義の回復などを定めた民主化綱領を発表しました。党内は、保守派と改革派に分裂し、やがて地方議会の強化や報道や文化の自由などを主張する改革派が優勢となりました。ソ連のフルシチョフはポーランドの民主化を阻止すべく、軍に進撃《しんげき》を命《めい》じて、みずからワルシャワへ向かいました。

10月、統一労働者党は失脚していたゴムウカをふたたび党首として、フルシチョフ以下、ソ連との交渉にのぞみました。ゴムウカはソ連に頼らない社会主義をめざしていましたが、ドイツとの領土問題もあったことから、ソ連の軍事的な支えは必要であると考えました。交渉により、両国の関係に変わりがないことは確認され、ソ連軍は撤退。軍事衝突には至りませんでした。

ハンガリー動乱

危機的な状況を脱《だつ》したポーランドに対し、ハンガリーでは悲劇が起こります。

スターリンの死後、1953年に首相となった改革派のナジは、国民生活の改善をめざしました。重工業を重視する政策を見直し、信教の自由などを認めていきました。しかし、1955年にスターリンの路線を継承する共産党第一書記のラーコシが復権し、ナジを追放します。独裁を強めるラーコシに対して知識人が反発しました。

翌年、スターリン批判の直後からは、共産党の青年組織も体制を批判し、7月にラーコシはソ連の命令に従って、共産党から離れます。後任のゲレー・エレネーは、市民たちの要求を受け止めることはありませんでした。

ハンガリー市民の要求はますます大きくなっていき、10月下旬には全国規模の暴動となってしまいました。ハンガリーの離反を抑えるためソ連軍が軍を派遣すると、政府はふたたびナジを首相として市民との交渉にあたり、一時的にソ連軍は撤退しました。ところが、デモの空気に押されたナジは、ワルシャワ条約機構からの脱退や中立化という方針を打ち出します。これに対して11月4日、ソ連軍は本格的にハンガリーへ侵攻しました。

ソ連軍と抵抗するハンガリーの市民たちの戦闘は2週間も続き、ソ連軍はついにハンガリー全土を制圧しました。一連の軍事衝突はハンガリー動乱と呼ばれ、ハンガリーでは1万数千人の死傷者が発生し、2000人が処刑され、20万人が海外に亡命しました。ソ連に対して、西側諸国は抗議するだけにとどまりました。

その後、ナジは逮捕・処刑され、

ソ連の指示でカダルが首相となり、スターリンの死後もソ連の影響力が残っていることが示されました。

ソ連につくか、離れるか

ルーマニアでは、共産党指導者のゲオルギウ・デジがソ連に追従《ついじゅう》する政策をとっていましたが、スターリンの死後は方針を転換してソ連寄りの幹部を追放します。

しかし、ハンガリー動乱ではソ連を支持しました。このため、トランシルバニア地方に住むハンガリー人は政府に反発しますが、ルーマニア政府はロシア語の廃止を要求するハンガリー人のデモを制圧しました。ソ連はこうした方針を高く評価し、第二次世界大戦中から置いていた占領軍をルーマニアから引き上げました。

同じくソ連の占領下にあったブルガリアも、ソ連の方針に忠実でした。1950年代はじめには、スターリン派やフルシチョフ派などが一時対立しますが、最終的にはフルシチョフ派のジフコフが実権を握りました。

ジフコフは、スターリン批判による混乱があっても、徹底してソ連に友好的な政策をとり続けました。ブルガリアは工業の発展に不可欠な石油や鉄鉱が取れないため、ソ連の支援に頼らざるを得なかったのです。

なお、１９４０年にソ連の一部としてルーマニア東方のベッサラビアにはモルドバ・ソヴィエト社会主義共和国が成立し、一時はルーマニアに奪還されるも、ソ連の支配下に置かれます。ソ連に従わない市民は追放されたり、財産を没収《ぼっしゅう》されたりしました。この状況に反発して独立をめざす人びとは、グループを結成して秘密の活動を行いました。

ただし、東欧の国ぐにのなかで、ユーゴスラビアだけは、ソ連の影響下から離れていきます。チトーは、ハンガリーに軍事介入したソ連を批判しました。このためソ連とユーゴスラビアの関係は、ふたたび悪化します。ユーゴスラビア共産主義者同盟（共産党が改称）の発表した綱領「社会主義への多様な道」は、ソ連のみならず各国の共産党から、批判されました。

それでもチトーは、ソ連やほかの東欧の国ぐにとはちがった国づくりを進めます。労働者は共産党の指示によらず、自分たちで労働条件の改善などの問題を解決していくという方針が掲《かか》げられました。

フルシチョフからブレジネフへ

1950年代後半から1960年代の初頭は、西側諸国との関係が悪化し、東ドイツから西ドイツに逃亡する市民が増加したので、1961年に東ドイツ政府は西ベルリンへの交通を遮断する「ベルリンの壁」を築きました。翌年には、ソ連がアメリカの隣国キューバに核ミサイル基地を築き、戦争になりかけますが、米ソ首脳の話し合いで解決しました（キューバ危機）。その後、1963年に部分的核実験停止条約が結ばれ、東西の緊張は緩和します。

一方で、東欧諸国の経済政策はしだいに停滞します。共産党による指導をやめ、地方組織が自由に生産計画を立てるなど、一部で新しい試みも導入されますが、簡単には成果が出せませんでした。1965年には、ソ連でフルシチ

そのころ、日本では？

1964（昭和《しょうわ》39）年の10月10日から10月24日にかけて、東京オリンピックが開催《かいさい》されました。これは、アジア初の近代オリンピックで、日本は16個の金メダルを獲得。盛況に終わった大会と日本人選手の活躍《かつやく》は、多くの日本人に戦後の復興を実感させるものとなりました。

ヨフが失脚し、ブレジネフが書記長に就任します。

この間、ソ連がとくに気にかけて対応することになったのは、ポーランド、チェコスロバキア、ハンガリーの三国でした。

低迷するポーランド

1960年代、ポーランドではゴムウカが改革への意欲を失って政治が停滞しました。重工業を中心とする政策がとられると、国民の生活よりも工業生産が優先され、労働者の賃金は伸び悩《なや》みました。また、農民にも保護が行き届かず、苦しい生活を強《し》いられました。

1970年12月、経済が低迷するなかでゴムウカが日用品の値上げを発表し、労働者のストライキが起こります。軍が戦車を出しなんとか騒動は収まりましたが、ここに至り、ソ連はついにゴムウカを見限りました。

後任のギェレクは、外国から資金を借り入れて一時的に経済を復活させ、国民生活も豊かになりました。しかし、借入金が返せなくなってすぐに行きづまり、政府が食料品の値上げをすると、労働者は大規模な抗議行動を起こしました。

さらに、反体制の知識人などが組織する社会自衛委員会も、改革を求めて運動を続けました。結局、こうした運動を抑えるにはソ連の力を借りるしかありませんでした。

プラハに春はこなかった

第二次世界大戦後に共産党の独裁体制が確立していく中で、チェコスロバキアでは反共産党勢力が追放・処刑されていきました。1957年に大統領となったノボトニーは、消費物資を分け与えたり、反対の多い農業の集団化を棚上《たなあ》げしたりして、農民や労働者の不満をそらしていました。しかし、スターリン批判が巻き起こった際にはまったく無視して、ソ連にならった計画経済や農業の集団化を実施します。

1960年代の半ば、東西対立が少し緩和しはじめると、チェコスロバキアでも知識人の間から民主的な政治を求める声が出はじめました。

ポーランドと同様、重工業を重視して国民の生活をかえりみない政策に批判が集まりましたが、新しい経済政策を採用しようとしても保守派の反対で実現できませんでした。

さらに、長年の問題となっているチェコ人とスロバキア人の対立も激化し、治安《ちあん》も悪化しました。

1967年、作家たちの結成した組織が政府への批判を叫ぶと、政府はこの組織を弾圧します。これをきっかけに共産党内でも保守派と改革派がはげしく対立しました。ノボトニーはチェコを訪問中のブレジネフに調停《ちょうてい》を依頼しますが、断られてしまいます。

党内での立場がなくなったノボトニーは、1968年1月に第1書記の座を追われました。代わってスロバキア人のドプチェクが第1書記となり、「人間の顔をした社会主義」というスローガンのもと、国内の改革を進めようとします。

ドプチェクが検閲《けんえつ》制度を廃止したため、党の外

でも自由な言論活動ができるようになり、やがて、市民もふくめた「プラハの春」と呼ばれる運動が拡大していきました。これに対して、ソ連をはじめとする東欧の国ぐにが危機感をもち、8月20日にワルシャワ条約機構がプラハに軍を投入。自由を求める運動は、武力によって完全に抑えられました。

このときのワルシャワ条約軍には、ポーランド軍も入っていました。ドイツとの国境問題でソ連の力に頼らざるを得なかったポーランドは、ソ連と対立することができなかったのです。11月、ポーランドの党大会に出席したブレジネフは「社会主義共同体全体の利益のため、一国の主権が制限されることがある（制限主権論）」という、「ブレジネフ・ドクトリン」を発表しました。ポーランドはその発言に抗議できませんでした。

面従腹背のハンガリー

1956年のハンガリー動乱以後、ソ連の言いなりで権力の座にあったカダルは、少しずつ方針を変更していきました。ソ連には絶対服従《ふくじゅう》の態度を示しつつも、地方選挙区で複数の立候補者を認めるなど、民主的な政治を進めようとしたのです。

ボロボロになった国内経済を立て直すため、機械鉄鋼など重工業中心の産業に資金を投入するなどバックアップし、農業の集団化にも取り組みました。

1968年からは、政府が経済活動を指導する体制をやめて、商業の自由を認める自由主義経済を採用しました。

1970年代には、産油国が集中する中東での戦争や政変のために、2度のオイルショック（世界的な石油価格の高騰）が起こりました。

ハンガリーは貿易赤字となりますが、自由主義経済をなんとか維持したため、東欧でナンバーワンの経済力を保ちました。

あい変わらずなチトー

ユーゴスラビアでは、1960年代以降もチトーが独自路線の政策を続けていました。貧富の差が拡大したり、民族どうしがはげしく対立したりと、問題が表れはじめました。

東欧では孤立《こりつ》していたものの、インドが主張していた、アメリカにもソ連にも追従せず平和共存をはかる外交政策の影響を受け、国際的に中立であり続けるとして外交を展開。1961年には首都ベオグラードで第1回非同盟諸国会議を開催しました。この会議が発展していき、1975年には、ソ連をふくむヨーロッパ全域とアメリカ、カナダを交えた全欧安保協力会議が開かれます。ただし、ユーゴスラビアの隣国であるアルバニアだけは参加しませんでした。

国際的な舞台で注目される存在になったチトーが、国内では経済活動の自由を認めたため、個人や企業、地域ごとの格差は広がっていきました。1969年には国内でトップレベルの裕福《ゆうふく》さを誇るクロアチアとスロベニアが、中央政府と対立します。同時期に、発展が遅れているコソボでは、アルバニア人がセルビア人への不満を訴えるデモがくり広げられていました。

1971年にユーゴスラビアの憲法が改正され、共和国ごとに広く自治が認められますが、民族どうしの対立は深刻になるばかりで、連邦政府への不満が募っていきました。同年、クロアチアがユーゴスラビアに対して分離、独立を要求しました。連邦の中心であるセルビアが優遇《ゆうぐう》され、他の共和国は税金収入の分配などで不利だったからです。

このとき、チトーはクロアチアのみならず、その他の共和国の指導者もまとめて処分

ユーゴスラビアの民族分布

することで、危機を乗り越えました。

3年後に制定された1974年憲法において、チトーはユーゴスラビアを構成する6つの共和国と、セルビア内にあったコソボとヴォイヴォディナの両自治州に、それぞれ憲法採択権、裁判権、警察権、経済政策を決定する権利などを認めました。それぞれの共和国に対して広く権利を認めることで、不満を抑えようと考えたのです。

アルバニアも独自路線

さて、アルバニアがユーゴスラビアと対立した理由は、少しややこしいです。

第二次世界大戦の後期、アルバニアはイタリアの降伏後もドイツの占領を受けたのち、ソ連軍によって解放されました。それ以来、国の防衛や経済発展のため、スターリン式の中央集権的な独裁体制を忠実に守っていました。ところが、スターリン批判でソ連が方針を転換すると、アルバニアはソ連に敵意を抱くようになります。

ちょうどそのころ、同じ社会主義陣営のなかでソ連と中国の関係が悪化していたので、アルバニアは中国と友好関係を結びます。そして、中国がユーゴスラビアを批判していたので、アルバニアもユーゴスラビアと対立したわけです。

ただし、1972年に中国がソ連に対抗するためアメリカとの関係改善をはかると、アルバニアは中国とも関係を断絶します。かろうじてギリシャやユーゴスラビアとの関係は維持し、西欧の国ぐにとも貿易を通じて交流していきました。

ユーゴスラビアとも別の独自路線を歩むアルバニアは、社会主義国なので個人の自由は制限されていたものの、政府の内紛は少なく国内は安定していました。

冷戦、終わるかも

歴史的にドイツと深い関わりがあったポーランド、チェコスロバキア、ハンガリーは、西側陣営の動きに注目していました。1960年代の後半までの三国は、ソ連の外交方針に従うだけでしたが、1969年に情勢が変わりました。この年、西ドイツでブラント首相が就任します。それまで、西側陣営に属した西ドイツは、東ドイツと国交を持つソ連や東欧の国ぐにとは外交交渉をしていませんでした。

しかしブラントは、方針を改め、1970年8月にソ連と条約を結び、たがいに武力の不行使を約束しました。この年の年末にはポーランドとの国境を確定し、国交が正常化されました。すでに東ドイツが、ドイツとポーランドの国境をオーデル川・ナイセ川（オーデル・ナイセ線）とすることを認めていましたが、西ドイツがそれを認めたことで国際的にも確定します。

1972年、東西ドイツの基本条約が結ばれ、両国はたがいに主権国家であることを認め、翌年、そろって国際連合に加盟します。西ドイツはその後もチェコスロバキアやハンガリーやブルガリアと国交を樹立したため、冷戦の緊張状態が緩和されつつあると世界にも認識されていきました。

1970年代の東欧

最後に1970年代の東欧の情勢を簡単に紹介します。

チェコスロバキアは、「プラハの春」がソ連によって崩壊してから、冬の時代がさらに続きました。全欧安保協力会議でチェコスロバキアにおける人権を回復する宣言が認められたものの、共産党による言論統制などは引きつづき行われていました。

一方、政治体制をめぐってチェコ人とスロバキア人の対立は続き、ついに1979年1月、チェコ社会主義共和国とスロバキア社会主義共和国が成立します。ひとつの国ではなくなり、ふたつの国による連邦国家へと形を変えました。

石油などの資源に恵《めぐ》まれていたルーマニアは、ソ連に服従する路線から徐々に転換し、貿易を通じて西欧との関係を深め、1960年代後半から1970年代にかけて、経済成長をとげました。

1965年にデジに代わって新しい権力者になったチャウシェスクは、新憲法を定めて、人民共和国から社会主義共和国へと改名します。ただし、チャウシェスクはルーマニア人を優遇し、ハンガリー人など国内の少数民族に対しては、統制を強めました。

ルーマニアは西欧との関係を深め、「プラハの春」ではソ連の軍事行動を批判しますが、社会主義国としての立場を変えなかったことから、東欧の中でも独自の存在感を示すようになりました。

これに対し、隣国のブルガリアはソ連に従ってプラハの春の制圧のための軍を送ります。ジフコフは後継者をつぎつぎと排除して長期政権をもくろみ、トルコ系住民を差別《さべつ》するなどの政策では国際社会の批判を浴びました。

ちなみに、東欧の外では1978年にポーランド人のヨハネ・パウロ2世（本名カロル・ユゼフ・ヴォイティワ）が、ローマ教皇に就任しました。共産主義国では宗教活動は制限されていましたが、ポーランド人の間ではカトリックの信仰が根強く、共産党の支配に抵抗する人びとにとって大きな心の支えとなります。

ひみつコラム

東欧の国ぐにの通貨

かつて支配した国の影響が色濃く残る

2022年現在、EU（欧州連合）に加盟しているスロバキア、スロベニア、エストニア、ラトビア、リトアニアの5国はユーロを導入しています。モンテネグロとコソボはEUには加盟していませんが、ユーロが流通しています。

かつてバルカン半島に存在したユーゴスラビアでは、ディナールという通貨が使われていました。現在も、ディナールはセルビアと北マケドニアで流通しています。セルビアでの100ディナール紙幣には、発明家ニコラ・テスラの肖像が描かれています。

ボスニア・ヘルツェゴビナの通貨は、兌換《だかん》マルクと呼ばれます。ユーロが導入される前にドイツで使われていたマルクと兌換（同額で交換可能）だったことが由来です。

チェコで使われるコルナという通貨には、神聖ローマ帝国皇帝カレル4世が描かれています。これは、20世紀のはじめまで東欧に存在したオーストリア・ハンガリー二重帝

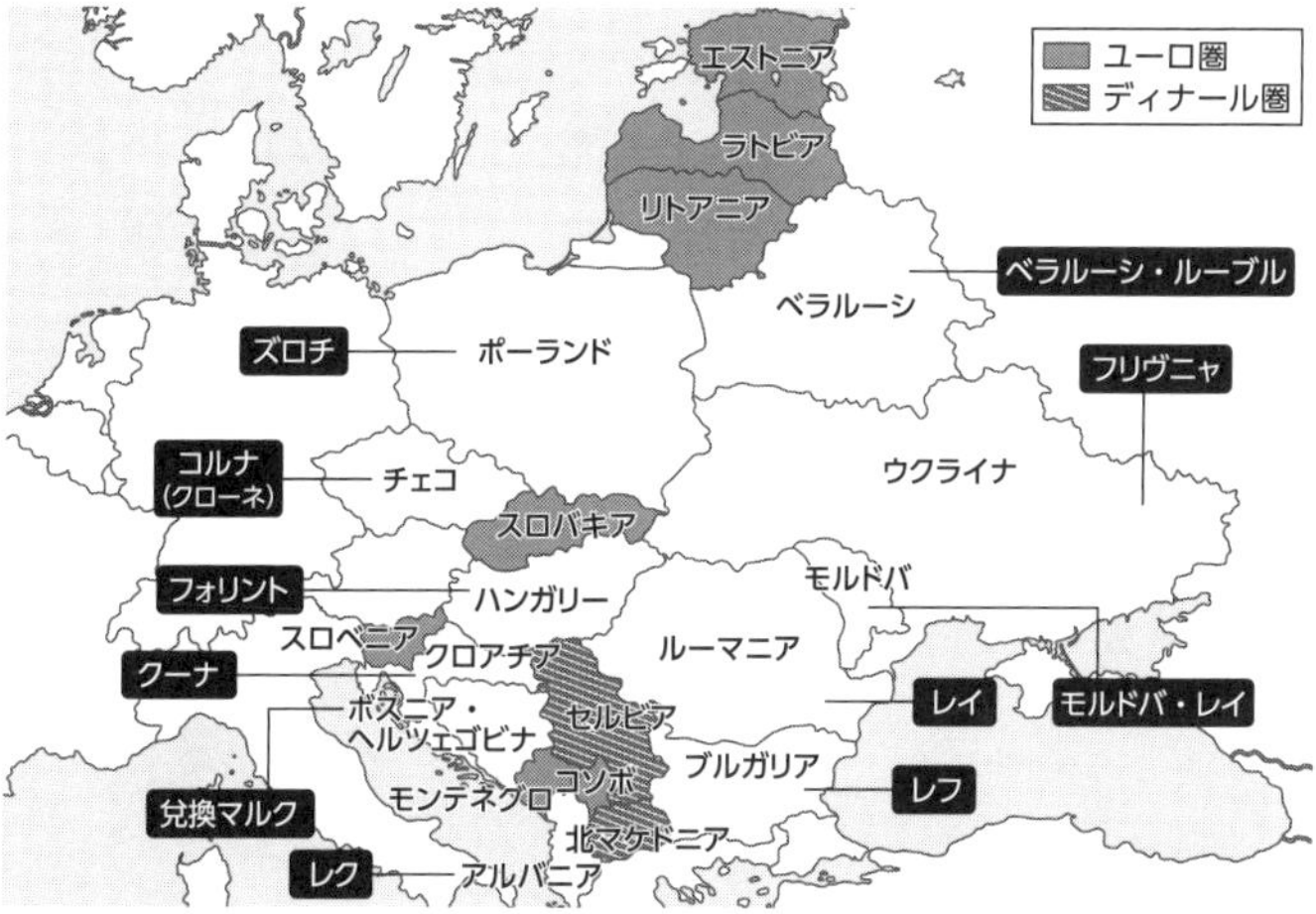

国のクローネという通貨に由来します。そのほか東欧には、ポーランドにはズロチ、ハンガリーにはフォリントなど独自の通貨が存在します。

ロシアで流通するルーブルは、ベラルーシでも使われていますが、為替《かわせ》レートはロシアとは異なります。

ソ連が崩壊するまでは、ウクライナでも使われていました。現在、ウクライナではキエフ大公国の通貨だったフリヴニャが使われています。

ベラルーシやウクライナと同じくソ連から独立したモルドバは、ルーマニアと同じレイ(レウ)が使われていますが、為替レートはルーマニアと異なっています。

知れば知るほどおもしろい東欧の偉人⑦

サッカー界きっての頭脳派

イビチャ・オシム

Ivica Osim

1941～2022年

ユーゴスラビア、日本で代表監督を歴任

2006年から2007年にかけてサッカー日本代表監督を務めたオシムは、現在のボスニア・ヘルツェゴビナの首都サラエボ出身です。1950年代からユーゴスラビア社会主義連邦共和国でサッカー選手として頭角を現しました。青年期は国際試合に出場し、フランスのプロチームでも活躍します。1986年にはユーゴスラビア代表監督となり、多民族が混在するチームをまとめます。

1991年にユーゴスラビアが解体して以降は、内戦のため家族と離れ離れになり、祖国の荒廃《こうはい》に胸を痛めつつも、ギリシャやオーストリアのチームで監督を務め、リーグ制覇や数々のタイトル獲得に導いています。

2003年に来日してジェフユナイテッド市原の監督に就任、その実績によって日本代表監督となります。長年の経験と国際感覚に基づいた独自の組織論は、サッカー界だけでなく日本中が注目しました。

chapter 8

東欧の今

「連帯」の成功と失敗

　1970年代のオイルショックは、東欧の多くの国ぐににも不景気《ふけいき》をもたらしました。とくにポーランドでは、労働者の賃金が下がり、失業者も増えました。1980年にはついに外国からの借金《しゃっきん》の返済《へんさい》ができなくなり、政府は収入を増やすため、肉類を大幅に値上げすると発表します。

　首都ワルシャワをはじめ、各地で労働者は抗議のストライキを起こしました。バルト海に面する工業都市のグダニスクでは、さまざまな工場で働く労働者が集まって工場間ストライキ委員会を結成し、政府にはげしく抗議します。

　工場間ストライキ委員会は、全国的な組織に成長し、グダニスクの連合ストライキ委員会の委員長ワレサを中心とする、「連帯」という労働組合になりました。「連帯」は、一般的な労働組合とは異なり、労働条件の改善を政府と直接交渉するだけでなく、言論の自由なども要求しました。知識人やカトリック教会もともに行動することを表明し、「連帯」の組合員の数は、結成からわずか1年で1000万人を突破しました。これはポーランドの全人口の3分の1を占めていました。

翌年、「連帯」が地方議会における自由選挙などを要求しはじめると、ソ連はポーランド共産党の独裁体制が崩壊するのではないかという危機感を覚えます。ポーランド政府は、ソ連が軍隊を派遣するなどして政治に口を出し、自主性が失われる事態を避けるため、戒厳令《かいげんれい》を出して「連帯」の活動を禁止しました。ポーランド軍がワレサを逮捕したことで運動は下火になりますが不景気はまだ続きました。

ハンガリー経済の混乱

ハンガリーでは、1968年に政府がきびしい規制を止め、企業活動の自由を認める「新経済メカニズム」という政策を採用しました。それぞれの企業が生産量や価格などを自由に決められるようになると、景気は安定して経済発展が続きました。労働者も政治的

な発言が自由にできるようになったのです。ハンガリーはオイルショックも乗り切り、東欧でもっとも豊かな国として繁栄しました。

ところが、新経済メカニズムでソ連をはじめ外国からの資本を受け入れたことで、国の借金はふくらんでいきました。ちょうどこのころ、ソ連の経済が悪化して援助がストップしてしまい、貿易においてはアジアの国ぐにとの競争がはげしくなっていました。

ソ連、アフガニスタンで大失敗

東欧の国ぐにを指導する立場だったソ連は、1979年にアフガニスタン侵攻に失敗して、国際的に権威が失墜《しっつい》します。この前年、アフガニスタンでは親ソ連の社会主義政権が成立しましたが、反政府ゲリラによるはげしい抵抗が起こります。そこでソ連は軍を派遣しましたが、戦果は上がらないまま戦闘は長期化します。多くの兵士が戦死し、軍事費がかさみ、アメリカや西欧の国ぐにとの関係はふたたび悪化しました。

また、当時のソ連は、あらゆる製品の生産・販売数を国家があらかじめ決定する計画経済を実施していましたが、事故など不測の事態への対応ができず、さらに地方の役人と生産者のなれあいもあり、すっかり工業生産が停滞《ていたい》していました。

1982年にブレジネフが急死すると、アンドロポフが後を継ぎました。しかし、アフガニスタンの紛争は泥沼化《どろぬまか》し、政治や経済の混乱はますます激化していきます。

取り残されたユーゴスラビア

1980年、ユーゴスラビアのカリスマ的指導者であったチトーが死去します。ソ連とも互角にわたりあい、指導力や発信力においてもずば抜けていた絶対的権力者がいなくなり、ユーゴスラビアの政治は混乱しました。

まず、チトーによって抑えられていた民族の対立と不満が、各地で爆発します。1970年代にもめたセルビア人とクロアチア人、セルビアからの独立を求めるアルバニア人が声をあげました。さらに、スロベニアやクロアチアのカトリック教徒、セルビアのセルビア正教徒、ボスニア地方のイスラム教徒がそれぞれの主張をぶつけあい、深刻な状況になっていきます。

こうした対立が渦巻くなかで、中央政府は治安維持のため、国民に対するさまざまな制限を強化しました。そのため、ポーランドなどで進んでいた民主化の動きからは取り残されていきます。

冷戦は終わった

ジリ貧《ひん》状態のソ連では、1984年にアンドロポフが死去し、後任のチェルネンコも翌年死去しました。そして、ゴルバチョフがソ連共産党の書記長に就任します。

ゴルバチョフは「ペレストロイカ（改革）」という方針を掲げ、政治と経済の抜本的《ばっぽんてき》な立て直しに取り組みました。

そんななか、1986年4月、ウクライナのチェルノブイリ（チョルノービリ）原子力発電所で、爆発事故が起こり、放射性物質が大量に放出されました。10万人以上の周辺住民が住めなくなり、北半球全体で放射性物質が観測されるほどの大事故であったにもかかわらず、ソ連は当初こ

そのころ、日本では？

1983（昭和58）年、任天堂《にんてんどう》が家庭用ゲーム機「ファミリーコンピュータ（通称・ファミコン）」を発売しました。ゲームセンターのゲームが家庭でも気軽に遊べるということで、ファミコンは世界的に爆発的な人気を呼び、最終的には全世界累計で6191万台も出荷されました。

の事実を公表しませんでした。

8月になってようやく報告書が出てきますが、公開される情報に制限がかかっていることが知らしめられ、これを解決することもペレストロイカの重要課題のひとつとなりました。このとき実施された情報公開の政策を、グラスノスチといいます。

ゴルバチョフは国際関係において、新思考外交という政策をとります。莫大《ばくだい》な軍事費がソ連の財政を圧迫《あっぱく》する状況を改善するため、軍事力による「力の外交」をやめ、戦争を回避して対話を中心とするという方針です。

ゴルバチョフは西側の国ぐにの首脳と積極的にコミュニケーションをとり、ミサイルや戦車などの削減を実行しました。さらに、1989年にアフガニスタンから完全に兵を引き上げます。そして同年の12月、ゴルバチョフはアメリカ大統領ブッシュと、地中海のマルタ島で話し合って、冷戦の終結を宣言しました。

ソ連がついに崩壊！

冷戦の終わりを発表しても、東欧の国ぐにはいきなり西欧との協調に方針を切り替えることはできませんでした。ソ連国内でも、古い産業構造や不景気は容易に改善せず、一方では利権がなくなることを嫌って改革に不満を抱く共産党幹部もいました。1990年、ゴルバチョフは自分の権限を強化するため、大統領制を採用します。また、ソ連を中心とするコメコンやワルシャワ条約機構は機能しなくなり、解散しました。

1991年8月、共産党でゴルバチョフと敵対する勢力はクーデターを起こしますが、失敗に終わります。ついに共産党は政権を手放し、同年中にはウクライナやバルト三国など15の共和国が一気に独立し、ソ連は崩壊しました。

国境を開放せよ

ソ連の崩壊に前後して、東欧では政治体制や社会の大きな変化が起こりました。これを「東欧革命」といいます。

経済の自由化が進んでいたハンガリーでは、ペレストロイカにあと押しされて、共産党の独裁が困難になっていました。1987年、富裕層に対する増税案が出されると、国民が強く反発し、政府への不満が高まりました。そして翌年5月、ハンガリーに君臨

独立した15の共和国

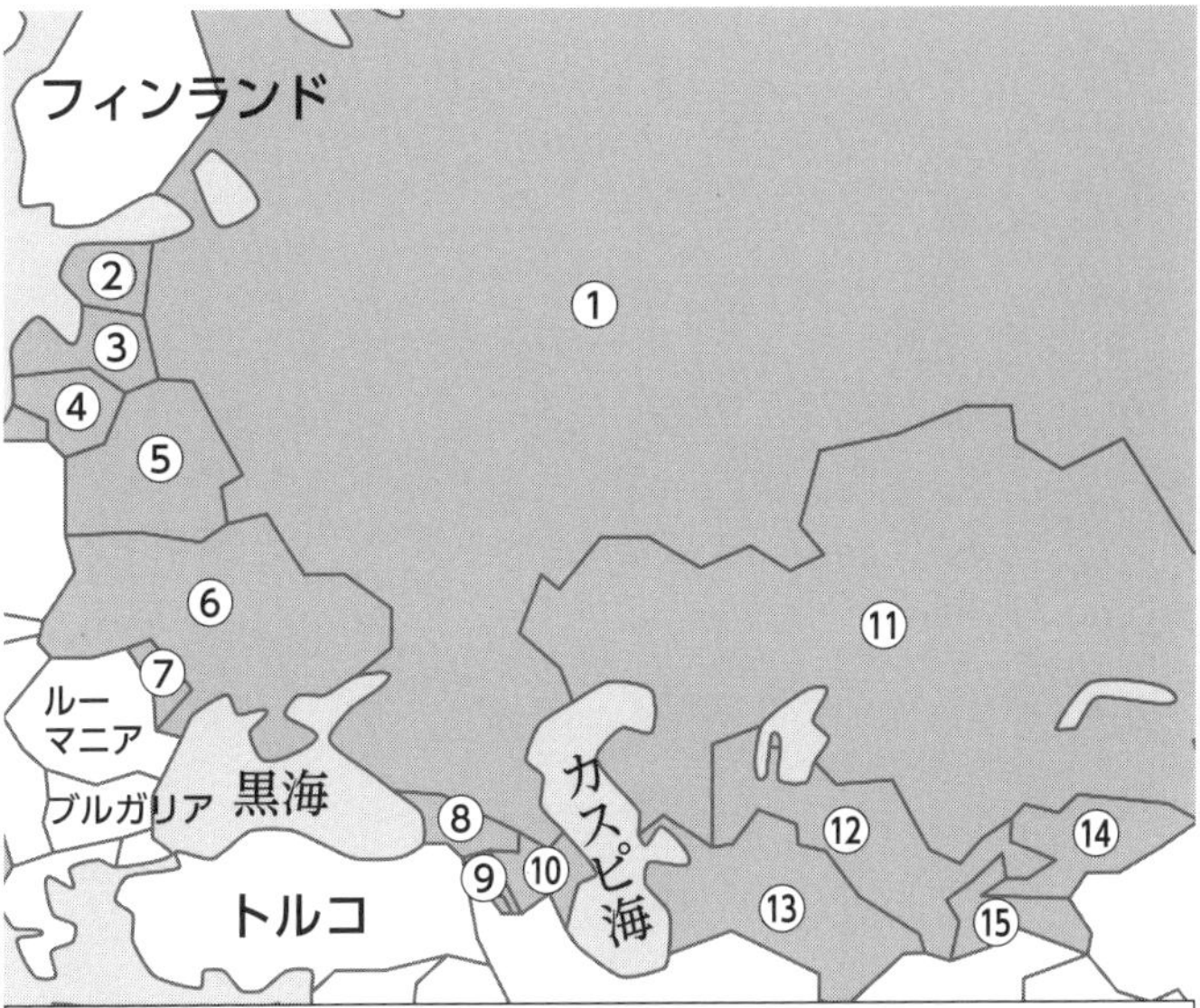

① ロシア・ソヴィエト連邦社会主義共和国 → ロシア連邦
② エストニア・ソヴィエト社会主義共和国 → エストニア共和国
③ ラトヴィア・ソヴィエト社会主義共和国 → ラトヴィア共和国
④ リトアニア・ソヴィエト社会主義共和国 → リトアニア共和国
⑤ 白ロシア・ソヴィエト社会主義共和国 → ベラルーシ共和国
⑥ ウクライナ・ソヴィエト社会主義共和国 → ウクライナ
⑦ モルドバ・ソヴィエト社会主義共和国 → モルドバ共和国
⑧ グルジア・ソヴィエト社会主義共和国 → ジョージア（グルジア）
⑨ アルメニア・ソヴィエト社会主義共和国 → アルメニア共和国
⑩ アゼルバイジャン・ソヴィエト社会主義共和国 → アゼルバイジャン共和国
⑪ カザフ・ソヴィエト社会主義共和国 → カザフスタン共和国
⑫ ウズベク・ソヴィエト社会主義共和国 → ウズベキスタン共和国
⑬ トルクメン・ソヴィエト社会主義共和国 → トルクメニスタン
⑭ キルギス・ソヴィエト社会主義共和国 → キルギス共和国
⑮ タジク・ソヴィエト社会主義共和国 → タジキスタン共和国

してきたカダルは退任しました。

同年8月、ハンガリー政府はオーストリアとの国境にある有刺鉄線《ゆうしてっせん》を撤去《てっきょ》して、自由に行《い》き来《き》できるようにしました。

それまで西ドイツに入れなかった東ドイツの市民は、チェコスロバキア、ハンガリー、オーストリアを経由して、西ドイツへ入国できるようになったのです。ソ連占領下で生活に苦しんでいた東ドイツの市民たちは、続々と西ドイツへ流入していきました。

ワレサが復活したけれど

ポーランドでは、活動を禁止されていた「連帯」が1989年に復活しました。この年の6

月に行われた選挙で、「連帯」は圧勝し、統一労働者党の独裁が崩れました。8月には「連帯」を中心とする連立内閣が成立します。社会主義国で、共産党（とそれに類似する政党）以外が政権に参加するのは、はじめてのことでした。翌年の1月には、統一労働者党の解散が決まりました。

ただし、その後も旧統一労働者党系の勢力は残り、「連帯」内部でも旧統一労働者党の議員をどうあつかうかで意見が対立し、政権は安定しませんでした。そんななか、1991年に「連帯」の創設メンバーであるワレサが大統領に就任しました。

国民の意見もまとまっておらず、社会主義から資本主義へと急激に移行することにとまどう農民、失業への不安を抱える労働者、西欧のような進んだ資本主義経済を望む富裕層などがおり、政府も有効な政策を打ち出せませんでした。結局、ワレサは支持を失っていき、2期目の選挙で落選しました。

つぎつぎと消えていく独裁者

ルーマニアの隣のブルガリアも、1980年代の後半になると経済はかなり苦しい状態でした。そしてこの国の改革は、意外なところからはじまります。きっかけとなったのは、北部ルーセの大気汚染《たいきおせん》でした。

ドナウ川の下流に位置するルーセの対岸には、ルーマニアの工業都市ジュルジュがあります。ここの工場から出る排煙《はいえん》により、一帯で大気汚染が進んでいました。このため、ルーセ市内では呼吸器系《こきゅうきけい》の病気《びょうき》になる人が増え、市民が都市を離れたために人口が減少しました。

1988年、ゴルバチョフが打ち出したグラスノスチにより、ブルガリア政府は大気汚染の原因がルーマニアのジュルジュにある工場の煤煙《ばいえん》の影響であることを明らかにしました。

これに対し、怒《おこ》ったブルガリア市民たちは、環境保護団体をつくり、政府への批判をはじめました。この活動が支持を集め、反政府運動へと発展します。

また、ブルガリアには長らく続く民族問題がありました。国内で暮らすトルコ人が低賃金で働いたため、ブルガリア人の仕事が奪われていたのです。このことでも、政府への不満が募っていました。

1989年11月、ブルガリア共産党の一部がソ連のゴルバチョフと連絡をとりながら、書記長のジフコフに辞任を迫ります。こうして、35年にわたりブルガリアを統治してきたジフコフは、ついに退陣しました。

翌月、ルーマニアでは、ハンガリー系の住民が、独裁者として君臨するチャウシェスクに対して抗議のデモを起こします。

軍も加わったことでデモ隊は革命軍へと発展し、10日あまりで首都ブカレストを占拠《せんきょ》しました。

チャウシェスクは逃亡を試《こころ》みるも逮

捕され、数日後に処刑されました。

チェコとスロバキアは完全分離

ワルシャワ条約機構軍によるプラハ侵攻から20年目の1988年、共産党の独裁体制が続く政府に対し、市民は警官との衝突も辞さない抗議活動をはじめました。

翌年、ハンガリー政府がオーストリアとの国境を開放し、さらに東ドイツで連立政権が成立したのを機《き》に、チェコとスロバキアでも学生や知識人《ちしきじん》が声を上げました。12月の選挙で共産党の独裁が崩壊し、反体制派の作家ハヴェルが大統領に就任します。武力衝突が起こらず平穏に革命がなしとげられたことから、「ビロード革命」と呼ばれます。

さらに1993年、チェコとスロバキアは連邦体制をやめて、それぞれ独立国家となりました。この分離では深刻な民族間の衝突が起こらず、以降も良好な関係が続いています。

ソ連と対立関係にあったアルバニアにも、東欧革命の波が押し寄せ、市民たちは共産党の独裁に反対する声をあげていました。1990年、アルバニア共産党はアルバニア版ペレストロイカともいうべき改革をはじめます。農産物の自由な売買や自由な信仰を認めることが宣言され、翌年には共産党以外の政党も認めました。

1992年の選挙では、民主党が第一党になり、大統領となったベリシャによって国は安定しました。

200万人の「人間の鎖」

ロシアでゴルバチョフ政権が成立したのを受けて、バルト三国ではソ連のプロジェクトへの反対運動がはじまりました。ラトビアではダウガヴァ川の水力発電所建設への反対運動、エストニアでは硫黄《いおう》鉱山開発事業に反対運動が起こります。いずれも環境汚染を根拠にしており、最終的にソ連政府はそのふたつの計画を撤回《てっかい》しました。

この運動がバルト三国全体にも広まって、ソ連政府への批判が大きくなり、民主化を求める動きが強まっていきました。

さらに1987年には、スターリン時代の政府による不法な行為が明らかにされます。1988年に各国で結成された人民戦線は、最初はソ連の改革と同調しながら、三国が独立などを主張するようになると、ソ連と決別しました。

1989年になって、バルト三国がソ連に併合されることが取り決められた独ソ不可侵条約の秘密議定書が問題になります。バルト三国で独立を求める声が大きくなると、ソ連は軍などによって圧力をかけるようになりました。

これに対し、同年8月23日、タリン、リガ、ヴィルニュスの3都市間650キロで、国境をこえて200万人が参加した「人間の鎖《くさり》」といわれるデモが行われました。これにより、ソ連はバルト三国の併合が非合法だったと認めます。

ただし、ゴルバチョフ自身はソ連の解体は望んでおらず、このような動きを抑えられなかったバルト三国の共産党を批判しました。しかし、彼の批判は独立を求める三国の人民戦線の結束をより強めました。

バルト三国、やっと独立

リトアニアはエストニア、ラトビアに比べてロシア人の人口が少なかったため、三国の独立運動を先導します。1989年5月には、リトアニアの主権を宣言し、リトアニア法がソ連法より優先されると宣言しました。年末にはリトアニア共和国最高会議の意向を受けて、リトアニア共産党がソ連共産党から独立することを決定しました。さらに1990年3月11日、最高会議はリトアニアの独立回復を宣言したのです。

リトアニアのこのような動きに対し、ソ連は武力で威嚇《いかく》したほか、資源の提供停止などの圧力をかけます。国内では、独立穏健派と急進派の対立も生まれます。またソ連の資源に依存《いぞん》する西欧の国ぐにも、リトアニアの独立に賛成しなくなりました。

一方、エストニアとラトビアは、住民の半数がロシア系だったため、ロシア系住民を排除するための組織や市民委員会がつくられます。さらに、ソ連が占領を正当化するため組織されたソヴィエト共和国最高会議に対し、市民議会を組織します。この議会の選挙では、併合後に移住したロシア系市民に選挙権を与えないなどの措置《そち》がとられました。

1990年、ソ連での改革が進まないゴルバチョフは共産党内保守派に接近し、バルト三国に対して強硬策《きょうこうさく》を取ります。ラトビアとエストニアにはソ連軍が派遣され、それに抵抗した市民たちに死傷者が出る惨事《さんじ》になりました。

このゴルバチョフの方針は国際的に批判を浴びただけでなく、国内でもエリツィンなど急進改革派の力を大きくしました。ゴルバチョフは保守派のクーデターにより失脚しますが、エリツィンらの反抗で、クーデターは失敗します。

一連の動きはバルト三国の解放につながり、1991年8月24日にロシア共和国大統領となったエリツィンは、バルト三国の独立を認めました。

ソ連から独立国家共同体へ

解体後のソ連は、どうなったのでしょうか。

1991年12月、ロシア共和国の大統領《だいとうりょう》エリツィンは、独立国家共同体（CIS）の結成を宣言します。最終的にCISにはバルト三国を除く12の旧ソ連構成国が参加しました。これはゆるやかな連合体ですが、ソ連の復活ともいえる面《めん》もあります。

そのころ、日本では?

1991（平成《へいせい》3）年1月17日、アメリカを中心とした多国籍《たこくせき》軍とイラク軍が衝突した湾岸《わんがん》戦争が勃発。すでに日本は多国籍軍に資金援助をしていましたが、直後に90億ドルの追加資金協力を決定しました。しかし、軍事協力でなかったため、国際的には評価されませんでした。

ロシア、ウクライナ、ベラルーシなどの旧ソ連圏では、労働ノルマをこなせば最低限の安定した生活ができる体制に慣《な》れ、経済活動の自由化についていけない人も少なくありませんでした。一方で新興《しんこう》の企業家（オリガルヒ）が巨大《きょだい》な財産を築き、貧富《ひんぷ》の差は広がりました。その結果、治安が悪化し、ソ連時代をなつかしむ人びともいました。

旧ソ連の構成国だったモルダビアは、ソ連の崩壊にともない、1991年8月にモルドバ共和国と国名を変更して独立を宣言します。国旗はもともと同民族のルーマニアのものと似た三色旗が採用され、ロシアの支配を脱したことをアピールしました。

ただし、東欧の国ぐにのなかでもとりわけ経済力は低いままです。また、ソ連時代にドニエストル川東岸に多く住んでいたロシア人らが、沿《えん》ドニエストル共和国を名乗り、モルドバからの独立を主張します。国連はこれを認めていませんが、沿ドニエストル共和国は、ロシアの支援によって事実上の独立国として存続しています。

解体されていくユーゴスラビア

独自路線を貫《つらぬ》いてきたユーゴスラビアは、絶対的権力者であったチトーの死後も、社会主義連邦共和国として存続していました。しかし、東欧革命の影響もあって、それぞれの共和国で共産党が衰《おとろ》え、分離・独立を訴える勢力が大きくなっていきます。

とくに、1990年に大統領に就任したミロシェビッチが、セルビア共和国の南部にあるコソボ自治州の自治の権限を縮小しました。コソボは人口の8割をアルバニア系のイスラム教徒が占める地域で、以降はセルビアからの独立意識が高まります。

1990年、6つの共和国（クロアチア、スロベニア、セルビア、ボスニア・ヘルツェゴビナ、モンテネグロ、マケドニア）で選挙が行われ、セルビアとモンテネグロ以外では、独立を主張した政党が勝利しました。1991年6月、西欧との関係が深く、比較的豊かであったスロベニアが連邦から離脱します。さらにクロアチアでも独立が宣言されました。

しかし、クロアチアには多くのセルビア人が暮らしており、独立に強い抵抗を示しました。セルビア人が中心となっている連邦政府は、クロアチアに軍を派遣《はけん》して独立運動を抑えようとして、内戦が起こりました。

この混乱に対し、1990年に統一されたばかりのドイツのコール首相がクロアチアの独立を認める発言をすると、西欧の国ぐにもこれにならい、1991年12月に独立が実現します。

なお、クロアチアで独立をめぐって内戦が続いていたなか、ユーゴスラビアでもっとも南に位置したマケドニアが独立を果たします。ただし、古代のマケドニアはギリシャ系の国だったので、ギリシャが国名の変更を要求しつづけ、2019年に北マケドニアという国名になりました。

ボスニア内戦

ユーゴスラビアの解体をめぐる混乱は、さらに続きます。

1992年4月、セルビアとモンテネグロは合体して、ひとつの共和国となり、セルビア人のミ

ロシェビッチが大統領に就任します。このミロシェビッチが、独立への動きを見せるボスニア・ヘルツェゴビナに軍を差し向けたことで、大規模な内戦となりました。

当時、ボスニア・ヘルツェゴビナには、ギリシャ正教を信仰するセルビア人、カトリックを信仰するクロアチア人、そしてイスラム教徒（ポシュニャク人）が混在しており、それぞれが領地をめぐって争っていました。

セルビア人の民兵隊は、「民族浄化《じょうか》」という口実《こうじつ》をつくり、クロアチア人やイスラム教徒の女性を暴行したり、処刑したりといった仕打《しう》ちをします。西欧の国ぐにはこれを問題視して、NATO軍によるセルビアへの空爆《くうばく》が実施されました。このボスニア内戦は、その後3年あまり続きます。

そして1995年12月、アメリカ大統領クリントンの仲介によって、セルビア人、クロアチア人、イスラム教徒の間で和解《わかい》が成立しました（デイトン合意）。

最終的に、ボスニア・ヘルツェゴビナは、クロアチア人とムスリム人による「ボスニア連邦共和国」と、セルビア人の「セルビア人共和国」のふたつの国で構成される連邦国家として独立しました。

欧米を巻き込んだコソボの内戦

解体後のユーゴスラビアには、まだコソボの独立問題が残っていました。

1992年にコソボで行われた選挙では反セルビア派が勝利します。しかし、ミロシェビッチはそれを認めず、セルビア人の秘密警察が独立運動の指導者を暗殺したり、武力によって独立を求めるアルバニア人ゲリラ兵を追い払いました。

コソボの独立を応援するのは隣国のアルバニアだけでしたが、ボスニア内戦に区切りがつくと、ようやく西欧をはじめとする国際社会もコソボに関心を寄せます。

1997年、ミロシェビッチが大学でアルバニア語の教育をやめさせようとすると、アルバニア人を中心に組織されたコソボ解放軍への期待が高まりました。

翌年2月からセルビアの治安部隊がコソボ自治州の首都プリシュティナに攻め込み、ついに内戦となります。その後、NATOを主体とする国際部隊がコソボ支援に派遣されます。10月に休戦が成立して、セルビアはコソボの自治を認めましたが、国際部隊がコソボにとどまることを拒否したので、戦闘が再開されました。

NATO軍はセルビアを空爆しますが、セルビア軍はコソボ内のアルバニア人を弾圧し、多くのアルバニア人が難民となって国を追われました。

空爆は1999年3月24日から78日間続きましたが、事態は変わらず「NATO軍は国連の安全保障理事会の承認を得ずに空爆している」「そもそもNATOの防衛範囲の外を攻撃している」との批判も出ました。

一方、セルビア国内でも市民が不満を訴えたので、やむなくミロシェビッチは、6月3日にG8（先進国首脳《しゅのう》会議）による和平案を受け入れます。

とはいえ、コソボでのセルビア人とアルバニア人の対立はかえって激化したので、コソボにはNATO中心の国際部隊が派遣されて治安の維持にあたりました。なお、国連はコソボ暫定《ざんてい》支援団を派遣して、議会や大統領府などを管理しながら統治を進めていきます。紛争そのものは決着することなく続きました。

資本主義への切り替えは難しい

ボスニアやコソボで紛争が続いた1990年代の後半、それ以外の東欧の国ぐにでは、西欧はじめ国際社会とのつながりが広がっていきました。

　ポーランドでは、共産党の独裁体制は終わり、複数政党制にみられる民主主義、経済の資本主義化などが図られました。その結果、競争社会になり、貧富の差や失業者に代表される社会問題も出てきます。政党間の論争も活発になりました。

　ハンガリーでは、もともと社会主義時代から外資の導入が積極的に行われていたため、革命後は民営化が進められていきます。民営化は急激には行わず徐々に拡大していく方針が採用され、貧富の差や失業者の問題も出たものの、混乱は小さくてすみました。

　ルーマニアでも、資本主義が採用されます。急激な資本主義化は行われませんでしたが、資源だけでなく、農地などの有効利用が遅れ、経済成長は必ずしも顕著《けんちょ》ではありませんでした。各国と同じく資本主義への切り替えが進み、議会の不信任決議によって内閣が交代するなど、独裁的な政治を脱して議会の機能が高まっていきます。

　アルバニアでは民主党政権が大統領の権限を拡大し、ふたたび独裁政治に向かっていきました。政府への批判が強まり、また各地で武装集団が略奪《りゃくだつ》をはじめるという事態に陥りました。

21世紀の旧ユーゴ紛争

コソボ紛争での対応で国際社会の批判を浴びたミロシェビッチは、2000年9月の大統領選挙で敗れました。空爆によって生活が苦しくなった国民の不満が結果に表《あらわ》れたといえます。ミロシェビッチは反人道的な行為などの罪で、旧ユーゴ戦争犯罪国際法廷から起訴されており、裁判のさなかに拘置所《こうちしょ》で死去しました。

ミロシェビッチが死去した2006年、セルビアとモンテネグロが連合を解消して、別の国となります。さらに2年後、コソボがついに独立を宣言しました。ただし、セルビアはこれを認めず、話し合いも不調に終わったことから国際社会で完全に認められたとはいえない状況です。

さて、コソボ紛争の影響は、マケドニアにもおよびました。アルバニア人が難民として入ってきたことで、かねてより望んでいた自治を強く要求しはじめたのです。

2001年、マケドニア政府がアルバニア人の自治を拒否すると、アルバニア人解放組織とマケドニア軍は戦闘をはじめました。8月にNATO軍が入ると戦闘は終わり、アルバニア系住民の権利の拡大が約束されました。

プーチン時代がはじまる

21世紀の訪れとともに、ロシアでプーチン大統領が登場します。ソ連崩壊によって東欧の国ぐにへの影響力を失い、また経済的に取り残されていく状況を打開するため、プーチンは自分にすべての権力が集まるような体制を築いていきました。

プーチンは、ロシア帝国のピョートル大帝を尊敬していると公言しています。ピョートル大帝は、周辺諸国に攻め込み、領土の拡大を行った人物で、プーチン自身もその野心があることを隠していません。

これに対して東欧の国ぐにには、着々とロシア離れを進めていきます。

ウクライナでは、2004年の大統領選挙で親ロシア派のヤヌコヴィチと親西欧派のユシチェンコの一騎打ちとなりました。11月21日の投票の結果、ヤヌコヴィチの当選が発表されると、選挙の不正を叫ぶ声が大きくなった結果、12月26日に再投票が行われ、ユシチェンコの当選が決まりました。このとき、市民がオレンジ色の旗《はた》を振《ふ》り、マフラーなどをオレンジ色に統一して行動したため、「オレンジ革命」ともいわれています。

2004年には、バルト三国、ポーランド、チェコ、スロバキア、ハンガリー、スロベニアがEU（ヨーロッパ連合）に加盟しました。ウクライナも、2005年に加盟意思があることを表明しています。2007年にブルガリアとルーマニアが加盟し、2013年にはクロアチアも加盟しました。

クリミアは、もともとロシアのもの？

2010年の選挙でウクライナ大統領に当選したヤヌコビッチは、2013年にEUとの政治・経済協力に関する協定への署名《しょめい》を直前になってとりやめ、ロシアとの結びつきを強化する方針を発表します。ロシアへの回帰に反発する市民はデモを起こし、大規模な反政府運動へと拡大しました。翌年2月、キエフでウクライナ政府とデモ参加者が衝突すると、抑えきれなくなったヤヌコビッチはロシアへ逃げました。

これを受け、ロシアがついに軍事行動を起こします。プーチンは「クリミア半島はそもそもロシア領である」と主張し、ロシア軍はウクライナ東部からクリミア半島へ侵入します。1カ月も経たないうちにクリミア半島には親ロシア政権が成立し、ロシアに併合されました。

ウクライナはロシア軍の迅速《じんそく》な動きに対してほぼ抵抗できず、クリミア半島の国営企業の多くをロシアに奪われてしまったのです。アメリカ、イギリス、ドイツなどはロシアを非難しますが、戦争を回避するために軍事的な行動は起こしませんでした。

2022年のウクライナ戦争

国際裁判所へ訴えてもロシアは応じることなく、クリミア半島はロシアの支配下となったままでした。しかし2019年、西欧と友好的で反ロシアを掲げるゼレンスキーが大統領に就任して、ウクライナは軍事力の強化を進めます。

2021年3月、ゼレンスキーはクリミア半島の奪還に向けた準備を進める政令を発表します。これに対し、プーチンは7月に「ロシア人とウクライナ人はもともとひとつの民族である」という内容の論文を発表しました。さらにロシアは、ウクライナがNATOに加盟すれば、安全保障上の脅威が増大するとして、ウクライナとの国境付近で同

2022年時点のウクライナ

※地名はロシア語読み(ウクライナ語読み)

盟国であるベラルーシとの軍事演習を行いました。

　そして2022年2月、独立を求める東部2州でウクライナが虐殺を行っているとして、ロシアが特別軍事作戦を開始し、戦争がはじまりました。

東欧の対応は？

　アメリカをはじめ、多くの国は開戦当初からロシアを強く批判していました。ここでは、東欧の国ぐにの反応や動きを簡単に紹介します。

　ウクライナと国境を接するポーランドは、ロシアを痛烈に批判し、ウクライナに対して積極的に武器の支援を行い、避難民を受け入れています。過去になんどもロシアと戦った経験があり、危機感の強さとロシアへの嫌悪感は東欧一といえるでしょう。

かつてのソ連で、ポーランドの北に位置するバルト三国も、強い警戒感を示しています。エストニアとリトアニアには、NATO各国の空軍《くうぐん》が利用できる軍用空港があり、ロシアのウクライナ侵攻以前から、戦闘機が配備されています。

チェコの大統領は、プーチンと親しい関係にありましたが、ロシアの侵攻を強く批判し、ウクライナに武器を提供しています。スロバキアの首相は、「ロシア帝国主義の復活」として強く非難し、ウクライナに戦闘機などを供与《きょうよ》しています。

ルーマニアもロシアの軍事行動を批判し、NATO軍がロシアに対応するために移動することを認めました。ウクライナと国境を接しており、避難民を受け入れています。

ルーマニアの隣国で沿ドニエストルという親ロシア地域を抱えるモルドバも、ロシアを批判し、国内の親ロシア勢力の動向を強く警戒しています。

ウクライナと国境を接するハンガリーは、戦争に巻き込まれたくないというのが本音です。ゼレンスキーから武器の提供を求められましたが、拒否しました。ただし、ウクライナからの避難民は受け入れています。同様に、ブルガリアもウクライナへの侵攻は批判しますが、武器の提供については慎重です。

東欧で唯一の別の動きを見せたのは、ベラルーシです。開戦時から徹底《てってい》してロシアを支援しています。ウクライナに侵攻することはありませんが、世界からは「ロシアと共犯関係」にあると考えられています。

EUに加盟したい旧ユーゴの国ぐに

セルビアは、多くの民族が独立してかつての栄光が失われた共通点があり、コソボ紛争でNATO軍の空爆を受けた経験から、親ロシアの立場ですが、現実的にはEUへの加盟をめざしており、政府からウクライナ侵攻に対しての発言はあまり出てきません。

スロベニアは、避難民の受け入れを表明しましたが、以前にアフガニスタンなどの非ヨーロッパの国からの難民を差別的にあつかったと批判されたことがありました。

EUに加盟しているクロアチアはロシアを非難しており、戦争がはじまってから首相がキエフを訪問して、ゼレンスキーと会談しました。

アルバニアは2022年1月に国連の非常任理事国《ひじょうにんりじこく》となり、ロシアのウクライナ侵攻をきびしく批判しました。北マケドニア（旧マケドニア）も、ロシアの行為は脅威であるという認識のもと、西欧の国ぐにとの関係を深めようとしています。モンテネグロやボスニア・ヘルツェゴビナも同様な立場で、いずれもEUへの加盟をめざしています。

戦争はだれにも止められない？

ウクライナ戦争がはじまってすぐ、西欧やアメリカ、カナダ、日本などは、ロシアに対する経済制裁を実施することを発表しました。欧米からの物資の輸入がなくなれば、戦争を続けるのは困難になるはずですが、まだ戦闘は続いています。

なぜなら、アメリカやカナダを除《のぞ》く多くの国は、天然ガスをはじめとする資源や農作物をロシアからの輸入に頼っており、その関係を完全に断つことができないからです。

また、NATO軍は、加盟国が攻撃された場合にしか反撃ができないため、ウクライナが加盟していない現状では、ロシアの侵攻を阻止《そし》することはできません。加えてNATO内には、ロシアと直接戦うことを望まない声も大きく、ウクライナが加盟することでロシアを刺激したくないという意見もあります。ただしロシアも、武器を提供している国を攻撃することはありません。

なお、国際的な紛争の解決にあたる国連の安全保障理事会は、常任理事国のロシアが拒否すると決議できないため、戦争を止めることができません。その意味で、無力であることが証明されました。

NATO 加盟国（2022年末）

こうして、多くの指揮官や兵を失い、国家予算を上回る戦費がかかっても、ロシアの軍事行動は続いています。

ウクライナも、提供されたドローンや最新ミサイルなど使いこなして抵抗を続けており、戦争の解決に向けての糸口《いとぐち》は、いまだ見つかっていません。

東欧の歴史 年表

この年表は本書であつかった東欧を中心につくってあります。

下段の「世界と日本のできごと」と合わせて、理解を深めましょう。

年代	東欧のできごと	世界と日本のできごと
106	ローマ帝国がダキア（ルーマニア）を占領	日本 帥升が後漢に生口160人を献上（107）
375	ゲルマン人の移動が始まる	日本 倭に百済から七支刀が贈られる（372）
476	西ローマ帝国が滅亡	日本 倭王武が宋の順帝に上表文を奏上（478）
600ころ	西スラブの人びとの移動が始まる	世界 科挙の開始（598）
620ころ	サモ王国が成立	世界 東ローマの公用語がギリシャ語に（620）
640ころ	セルビア人がバルカン半島中央部に定住	世界 イスラム帝国のシリア征服完了（640）
680ころ	ブルガリア第一王国が成立	世界 フランク王国でピピン2世の治世開始（687）
830ころ	大モラヴィア王国が成立	日本 「令義解」がつくられる（833）
840ころ	ポーランドにピャスト朝が成立	世界 フランク王国の分裂（843）
863	キュリロスとメトディオスがキリスト教を広める	日本 行教が石清水八幡宮を創建（860）

882	キエフ公国が成立	世界 カール3世が西ローマ皇帝となる（881）
900ころ	チェコにプシェミスル朝が成立	日本 菅原道真が大宰府へ左遷される（901）
924	クロアチア王国が成立	世界 イングランド王国の建国（927）
962	神聖ローマ帝国が成立	世界 宋王朝が成立（960）
997	イシュトバーン1世がハンガリーを統一	世界 カラハン朝がサーマーン朝を滅ぼす（999）
1019	キエフ公国が全盛期を迎える（～1054）	日本 藤原道長が摂政になる（1016）
1168	ステファン・ネマーニャがセルビアを統一	日本 平清盛が太政大臣となる（1167）
1240	アレクサンドル・ネフスキーがスウェーデンと戦う	世界 モンゴルが金を滅ぼす（1234）
1241	ワールシュタットの戦い	日本 北条時頼が第五代執権に就任（1246）
1331	中世セルビアが最盛期を迎える（～1355）	世界 モスクワ大公国が建国（1328）
1346	ボヘミアでカレル1世が即位	世界 紅巾の乱が起こる（1351）
1386	ポーランドでヤギェウォ朝が成立	世界 ウィンザー条約（1386）
1389	コソボの戦い	日本 足利義満が南北朝を統一（1392）
1410	タンネンベルクの戦い	日本 南蛮からはじめて象が到来（1408）
1415	ヤン・フス処刑	世界 エンリケ航海王子がセウタを攻略（1415）

年代	東欧のできごと	世界と日本のできごと
1419	フス戦争（～1436）	世界 明の永楽帝が北京に遷都（1421）
1453	東ローマ帝国が滅亡	世界 イギリス・フランス百年戦争終結（1453）
1462	モスクワ大公イワン3世が即位	日本 応仁の乱が勃発（1467）
1525	プロイセン公国が成立	世界 コルテスのメキシコ征服（1521）
1526	モハーチの戦い	世界 ドイツ騎士戦争がはじまる（1522）
1529	第一次ウィーン包囲	世界 カトー・カンブレジ条約が締結（1529）
1558	リヴォニア戦争	日本 桶狭間の戦い（1560）
1569	リトアニアとポーランドが同君連合となる	日本 室町幕府が滅亡（1573）
1613	ロシアでロマノフ朝が成立	日本 大坂夏の陣（1615）
1618	三十年戦争（～1648）	世界 「ケプラーの第3法則」が発表される（1619）
1683	第二次ウィーン包囲	世界 イギリス名誉革命（1688）
1699	カルロヴィッツ条約	世界 ロシアが太平洋に到達（1697）
1700	大北方戦争（～1721）	世界 スペイン継承戦争（1700～1713）
1733	ポーランド継承戦争（～1738）	世界 新大陸で13の植民地が成立（1732）

1740	オーストリア継承戦争（～1748）	世界 ルイ15世が親政を開始（1743）
1772	第一次ポーランド分割	世界 アメリカ独立宣言（1776）
1793	第二次ポーランド分割	世界 フランス革命戦争がはじまる（1792）
1795	第三次ポーランド分割	世界 ナポレオンのエジプト遠征（1798）
1807	ワルシャワ公国が成立	世界 神聖ローマ帝国が滅亡する（1806）
1812	ワルシャワ公国が消滅	世界 ウィーン会議（1815）
1829	アドリアノープル条約	世界 カトリック教徒解放令（1829）
1830	セルビアが完全自治を獲得	世界 フランス七月革命が勃発（1830）
1848	ハンガリーでコシュートの反乱	世界 フランスで第二共和政がはじまる（1848）
1853	クリミア戦争（～1856）	日本 ペリーが浦賀に来航（1853）
1867	オーストリア・ハンガリー二重帝国が成立	日本 明治時代がはじまる（1868）
1877	露土戦争	日本 西南戦争（1877）
1908	オーストリアがボスニア・ヘルツェゴビナを併合	日本 日韓併合（1910）
1912	第一次バルカン戦争	世界 中華民国成立（1912）
1913	第二次バルカン戦争	世界 袁世凱が南京を占領（1913）

年代	東欧のできごと	世界と日本のできごと
1914	第一次世界大戦（～1918）	世界 パナマ運河の開通（1914）
1917	ロシアで二月革命、十月革命	世界 アメリカがドイツに宣戦布告（1917）
1918	セルブ・クロアト・スロベーヌ王国が成立	世界 ドイツ帝国が崩壊（1918）
1919	ハンガリーでソヴィエト革命	世界 パリ講和会議（1919）
1922	ソ連が成立	日本 関東大震災が発生（1923）
1932	ウクライナ大飢饉（～1933）	日本 満州事変が勃発（1931）
1938	ミュンヘン会談	日本 二・二六事件が発生（1936）
1939	独ソがポーランドを分割、第二次世界大戦開戦	世界 ドイツ軍がパリに無血入城（1940）
1941	独ソ戦	日本 真珠湾攻撃（1941）
1943	スターリングラードの戦い	世界 カイロ宣言（1943）
1944	ソ連軍が東欧に進撃	世界 第二次世界大戦終結（1945）
1947	コミンフォルム結成	世界 インドとパキスタンが分離独立（1947）
1948	コミンフォルムがユーゴスラビアを除名	世界 第一次中東戦争（1948）
1953	スターリンが死去	世界 サンフランシスコ条約発効（1952）

1956	スターリン批判、ハンガリー動乱、ポズナニ暴動	世界 アメリカの水爆実験（1954）
1968	プラハの春	世界 ベトナム戦争（1965～1973）
1975	全欧安保協力会議	日本 ロッキード事件が発生（1976）
1977	チェコスロバキアで「憲章77」発表	世界 ソ連のアフガニスタン侵攻（1979）
1980	ポーランドで「連帯」発足、チトーが死去	世界 イラン・イラク戦争（1980～1988）
1985	ソ連でペレストロイカ開始	世界 G5がプラザ合意声明（1985）
1989	東欧革命（～1990）	世界 ベルリンの壁が崩壊（1989）
1991	ソ連崩壊、ユーゴスラビア解体、バルト三国が独立	世界 湾岸戦争（1991）
1992	ボスニア紛争（～1995）	日本 PKO協力法が成立（1992）
1993	チェコとスロバキアが分離	日本 55年体制が終わる（1993）
1998	コソボ紛争	世界 香港が返還される（1997）
2000	プーチンがロシア大統領に就任	世界 アメリカで同時多発テロ（2001）
2006	モンテネグロが独立	世界 リーマンショックが発生（2008）
2014	ロシアがクリミア半島を併合	世界 ISILが「イスラム国」の樹立を宣言（2014）
2022	ロシアがウクライナへ侵攻	日本 元首相の安倍晋三が暗殺される（2022）

参考文献

『新版　東欧を知る事典』(平凡社)
『新版　ロシアを知る事典』(平凡社)
『世界各国史　東欧史』梅田良忠編集(山川出版社)
『新版世界各国史　バルカン史』柴宜弘編集(山川出版社)
『新版世界各国史　ドナウ・ヨーロッパ史』南塚信吾編集(山川出版社)
『新版世界各国史　ポーランド・ウクライナ・バルト史』伊東孝之、井内敏夫、中井和夫編集(山川出版社)
『新版世界各国史　ロシア史』和田春樹編集(山川出版社)
『世界現代史　バルカン現代史』木戸蓊(山川出版社)
『世界現代史　ポーランド現代史』伊東孝之(山川出版社)
『民族の世界史　スラブ民族と東欧ロシア』森安達也編(山川出版社)
『世界の歴史　ロシアとソ連邦』外川継男(講談社)
『世界の歴史　ビザンツと東欧世界』鳥山成人(講談社)
『図説　バルカンの歴史』柴宜弘(河出書房新社)
『図説　ハンガリーの歴史』南塚信吾(河出書房新社)
『図説　チェコとスロヴァキアの歴史』薩摩秀登(河出書房新社)
『図説　ハプスブルク帝国』加藤雅彦(河出書房新社)
『図説　ロシアの歴史』栗生沢猛夫(河出書房新社)
『図説　ソ連の歴史』下斗米伸夫(河出書房新社)
『国際情勢ベーシックシリーズ　東欧』百瀬宏、今井淳子、柴理子、高橋和(自由国民社)
『叢書東欧　東欧の民族と文化』南塚信吾編(彩流社)
『東欧近代史』R・オーキー著／越村勲、田中一生、南塚信吾訳(勁草書房)
『東欧の20世紀』高橋秀寿、西成彦(人文書院)
『中東欧の政治』仙石学(東京大学出版会)
『東欧革命1989』ヴィクター・セベスチェン著／三浦元博、山崎博康訳(白水社)
『東欧・旧ソ連の国々』池上彰(小学館)
『世界史リブレット　バルカンの民族主義』柴宜弘(山川出版社)
『世界史リブレット　東欧世界の成立』細川滋(山川出版社)
『バルト三国史』鈴木徹(東海大学出版会)
『環バルト海』百瀬宏、志摩園子、大島美穂(岩波新書)
『リトアニア』畑中幸子、ヴィルギリウス・チェパイティス(中央公論新社)
『奪われた祖国ポーランド』スタニスワフ・ミコワイチク著／広瀬佳一、渡辺克義訳(中央公論新社)
『物語　ポーランドの歴史』渡辺克義(中公新書)
『ハプスブルクとオスマン帝国』河野淳(講談社選書メチエ)
『ハンガリーの改革』南塚信吾(彩流社)
『ユーゴスラヴィア史』マルセル・ドゥ・ヴォス著／山本俊朗訳(白水社)
『バルカンの心　ユーゴスラビアと私』田中一生(彩流社)
『現代マケドニア考』芦沢宏生(中央大学出版部)
『ブルガリアの歴史』R・J・クランプトン著／高田有現、久原寛子訳(創土社)
『トランシルヴァニア』コーシュ・カーロイ著／田代文雄監訳(恒文社)
『ルーマニアを知るための60章』六鹿茂夫編(明石書店)
『ロシア革命と東欧』羽場久浘子(彩流社)
『ベラルーシ』早坂眞理(彩流社)
『物語　ウクライナの歴史』黒川祐次(中公新書)
『ウクライナ侵略戦争　岩波「世界」臨時増刊』(岩波書店)
『ロシアとシリア』青山弘之(岩波書店)
『「帝国」ロシアの地政学』小泉悠(東京堂出版)
『地図で見るバルカン半島ハンドブック』アマエル・カッタルッツァ、ピエール・サンテス著／太田佐絵子訳(原書房)
『地図で見るロシアハンドブック』パスカル・マルシャン著／太田佐絵子訳(原書房)
『世界地名の旅』蟻川明男(大月書店)

［著者］
関眞興（せき・しんこう）
1944年、三重県生まれ。東京大学文学部卒業後、駿台予備学校世界史科講師を経て著述家。『30の戦いからよむ世界史（上）（下）』『キリスト教からよむ世界史』『一冊でわかるアメリカ史』『一冊でわかるドイツ史』『一冊でわかるロシア史』『一冊でわかるトルコ史』『一冊でわかるブラジル史』など著書多数。

編集・構成／造事務所
ブックデザイン／井上祥邦（yockdesign）
イラスト／suwakaho
協力／佐藤賢二、奈落一騎
写真／Shutterstock、写真AC

世界と日本がわかる　国ぐにの歴史
一冊でわかる東欧史

2023年1月30日　初版発行
2024年5月30日　4刷発行

著　者　関眞興

発行者　小野寺優
発行所　株式会社河出書房新社
〒162-8544
東京都新宿区東五軒町2-13
電話03-3404-1201（営業）
03-3404-8611（編集）
https://www.kawade.co.jp/
組　版　株式会社造事務所
印刷・製本　TOPPAN株式会社

Printed in Japan
ISBN978-4-309-81116-1

この国にも注目！

監修 福井憲彦
世界と日本がわかる国ぐにの歴史
一冊でわかるフランス史
フランスって、めまぐるしい。
フランス革命でどのように変わったのか?
河出書房新社

関眞興
世界と日本がわかる国ぐにの歴史
一冊でわかるドイツ史
ドイツって、たくましい。
敗戦をどう乗り越えてきたのか?
「そのころ、日本では?」
河出書房新社

監修 小林照夫
世界と日本がわかる国ぐにの歴史
一冊でわかるイギリス史
イギリスって奥深い。
どのようにして島国が強大な帝国となったのか?
「そのころ、日本では?」
河出書房新社

関眞興
世界と日本がわかる国ぐにの歴史
一冊でわかるアメリカ史
アメリカってどんな国?
国の誕生から現在まで、流れをザックリつかめる!
河出書房新社

永田智成・久木正雄
世界と日本がわかる国ぐにの歴史
一冊でわかるスペイン史
スペインって、情熱だけじゃない。
どうして特異な歴史をたどったのか?
「そのころ、日本では?」
河出書房新社

関眞興
世界と日本がわかる国ぐにの歴史
一冊でわかるロシア史
ロシアって、謎だらけ。
極寒の大地で何が起こっていたのか?
「そのころ、日本では?」
河出書房新社

監修 岡本隆司
世界と日本がわかる国ぐにの歴史
一冊でわかる中国史
中国って、千変万化してる。
どれほどの興亡が繰り返されたのか?
「そのころ、日本では?」
河出書房新社

監修 北原敦
世界と日本がわかる国ぐにの歴史
一冊でわかるイタリア史
イタリアって、あわただしい。
いかにして、ひとつの国になったのか?
「そのころ、日本では?」
河出書房新社

監修 長谷川岳男
村田奈々子
世界と日本がわかる国ぐにの歴史
一冊でわかるギリシャ史
ギリシャって、しぶとい。
文明誕生からのギリシャ人の歩み
「そのころ、日本では?」
河出書房新社

監修 六反田豊
世界と日本がわかる国ぐにの歴史
一冊でわかる韓国史
韓国って、興味深い。
朝鮮半島で何が起きてきたのか?
「そのころ、日本では?」
河出書房新社

関眞興
世界と日本がわかる国ぐにの歴史
一冊でわかるトルコ史
トルコって、すごく強靭。
強大な国家となった、その秘訣とは?
「そのころ、日本では?」
河出書房新社

監修 水島司
世界と日本がわかる国ぐにの歴史
一冊でわかるインド史
インドって、とても多彩。
ミステリアスな社会はどのようにして形づくられた?
「そのころ、日本では?」
河出書房新社

柿崎一郎
世界と日本がわかる国ぐにの歴史
一冊でわかるタイ史
タイって、世わたり上手。
王と、仏教と、「革命」の国の歩み
「そのころ、日本では?」
河出書房新社

監修 村井誠人
大溪太郎
世界と日本がわかる国ぐにの歴史
一冊でわかる北欧史
北欧って、意外と波瀾万丈。
いかにして先進的な社会をつくりあげたのか?
「そのころ、日本では?」
河出書房新社

関眞興
世界と日本がわかる国ぐにの歴史
一冊でわかるブラジル史
ブラジルって、にぎやか。
国を動かしてきたのは民衆だった
「そのころ、日本では?」
河出書房新社